Le temps d'apprendre à vivre…

DU MÊME AUTEUR

Enfant gâté, récit, éditions XO, 2001 (et Pocket).
Des amis de tous poils… de chats, album, éditions A. Viénot, 2002.
Flash, photos 1990-2001, album, éditions Filipacchi, 2002.
Mes *années 60 (l'intégrale)*, album, éditions Filipacchi, 2002.

Jean-Marie Périer

Le temps d'apprendre à vivre…

XO EDITIONS

Le temps d'apprendre à vivre il est déjà trop tard
est un vers de Louis Aragon,
tiré d'un poème intitulé *Il n'y a pas d'amour heureux*
publié dans le recueil *La Diane française*
© Seghers.

ISBN : 2-84563-136-7

À ma sœur Anne-Marie

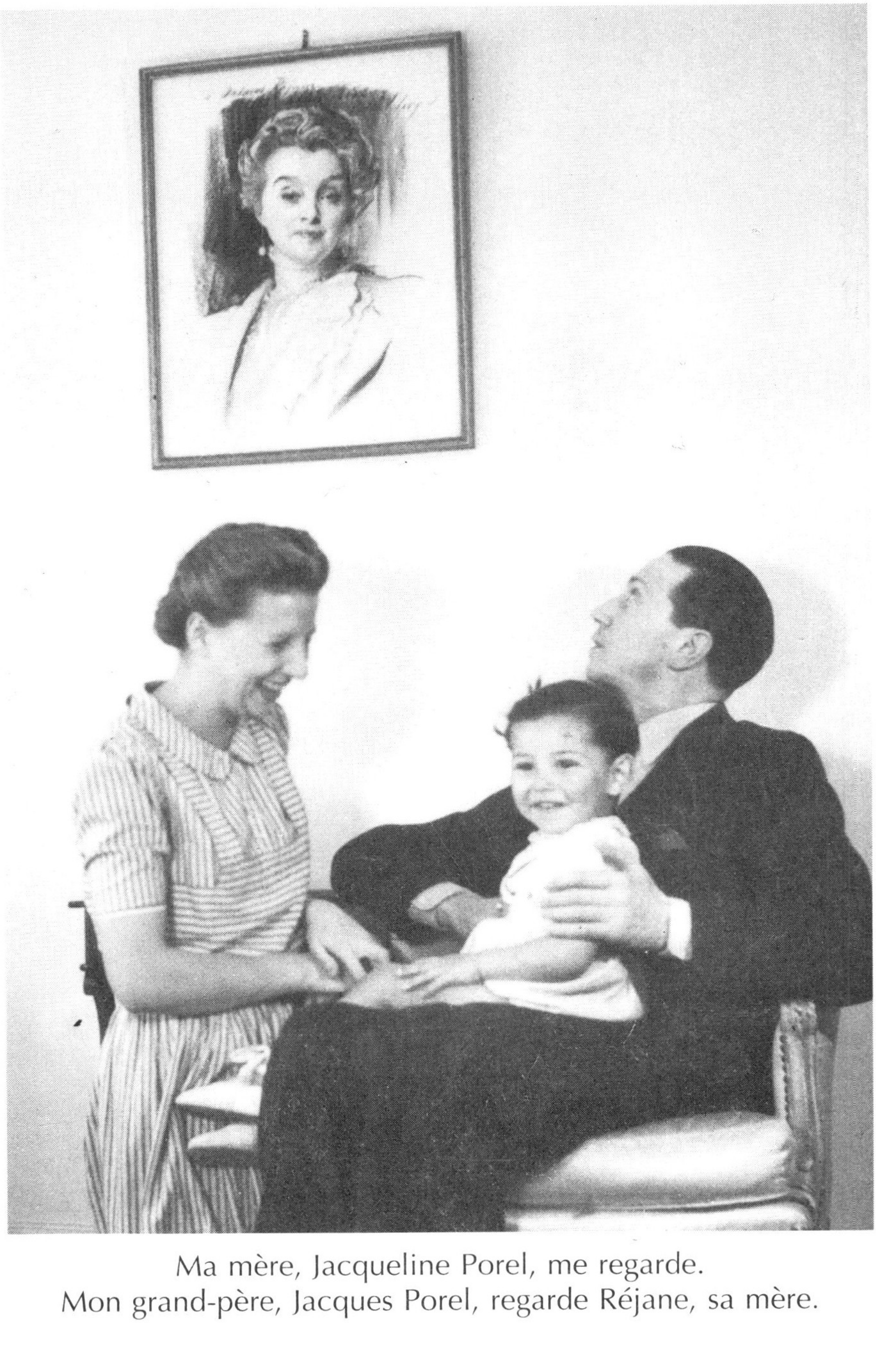

Ma mère, Jacqueline Porel, me regarde.
Mon grand-père, Jacques Porel, regarde Réjane, sa mère.

« Je n'attends plus grand-chose de ce que je ne connais pas.
Je préfère insister sur ce que je crois connaître. »

Jacques Porel.

Colette et François Périer

Le visiteur

Mon père n'était pas musicien.

François Pillu dans l'ombre était François Périer dans la lumière. Grand comédien, touché seulement par la mélodie des mots, le théâtre était sa partition.

Depuis ma plus tendre enfance, la musique était ma seule passion, pour lui c'était un autre monde.

Eût-il été mélomane que ma vie n'eût pas été la même.

Dans ma seizième année, afin de le remercier de m'avoir adopté à ma naissance, voulant absolument le rembourser, je décidai de lui ressembler.

Je commençai donc par fermer mon piano pour toujours.

Je regrette un peu l'excès de cet élan enfantin, mais je n'avais pas le choix, m'approcher de lui était la seule chose à faire.

Loin de moi toute envie d'attendrir ou d'émouvoir quiconque à coups de cachotteries ou de secrets enfouis. J'ai déjà fait un petit tour de ce côté, pensant innocemment annuler les silences en dénouant les riens qui encombraient mes nuits. J'ai traversé le gué, surplombé la rivière ; une fois sur l'autre rive, je me suis retourné : j'étais encore là-bas, je suis toujours ici. L'eau continue de couler, rien ne s'est résolu. Outre l'économie d'après-midi passés à m'allonger sur le divan d'un autre, j'ai gagné le plaisir de la conversation calligraphiée avec un garçon charmant, voire des plus sympathiques, et qui a le tact de ne jamais me contredire. Ce type s'appelle « Moi », ravi de le connaître.

Penché sur mon clavier, je ne lui cache rien.

Si jamais je l'ennuie, il ne me le dit pas. Il est discret, c'est un type bien.

Après cette abrupte décision qui me fit prendre la tangente, ma vie ne fut qu'une suite de visites plus ou moins propices. Je ne respirais que par la musique.

Sans elle, j'étais comme une boule de billard électrique allant d'une envie passagère à une autre, sans but précis, à la merci d'un Dieu auquel je ne croyais pas, ses doigts divins manipulant les *bumpers* pour une partie qui n'amusait que lui.

Je ne serais pas musicien, je pouvais donc être tout ou rien, c'était sans importance.

De gens en territoires, d'occupations diverses en élans, en espoirs, j'ai regardé ma vie défiler comme un film sur un écran constant, une projection privée, un voyage immobile. Je suis le spectateur d'une histoire dont il m'est arrivé de penser qu'elle ne me regardait pas, qu'elle était seulement justifiée par les passions croisées.

C'est pourquoi j'évoquerai une dernière fois ces rencontres parmi mes plus belles, à savoir, certains de mes amis des années 60.

On me demande souvent si je ne suis pas lassé de faire revivre cette période. Outre ma nostalgie d'une jeunesse qui ne reviendra pas, j'aime à me rappeler les moments rares d'un temps que je ne suis pas le seul à regretter.

Il est assez troublant de voir tant de jeunes gens d'aujourd'hui me poser des questions sur ces années qu'ils n'ont pas connues, comme s'ils avaient le sentiment d'avoir manqué un train. Ceux de mon âge, passe encore, mais lorsque j'avais vingt-cinq ans, je n'ai pas le souvenir d'avoir regretté les années 30 ni même celles de l'après-guerre.

Ma fille Lola, du haut de ses quatorze ans, connaissant par cœur les chansons des Beatles, c'est un peu comme si, au même âge, je m'étais passionné pour Mistinguett. Cette génération se sentirait-elle orpheline d'une naïveté perdue, comme d'une adolescence qu'on lui aurait volée, alors qu'elle n'était même pas encore à l'état de projet ?

Si j'ai un jour le sentiment de lasser, je ne dirai plus un mot, c'est promis. Mais ayant connu tous ces musiciens, tous ces chanteurs à l'aube de leur envol, je ne cesse de m'étonner d'avoir eu la chance d'être au moment opportun présent où il fallait et en contact avec ceux qui, sans le savoir, allaient changer le cours des choses.

Je ne suis rien d'autre que le résultat de rencontres fortuites.

Du reste, sur ma tombe, on devrait inscrire : « Il était là ! », car, en fin de compte, c'est tout ce que j'aurai fait, « être là ».

Fils de l'un, frère de l'autre, ami de certains, amour parfois. Multicarte, en somme. Touriste de sa vie, c'est donc un visiteur qui vous salue bien bas.

Égrenons…

Daniel Filipacchi

Le rock ou la naissance de l'adolescence

Et je revois exactement quand tout a commencé.

Vous souvenez-vous de la France des années 50, quand les Champs-Élysées vides en juillet voyaient passer Jean Prouvost tandis qu'il peaufinait *Marie-Claire* ? Malgré les défoulements de l'après-guerre, les parents avaient repris leurs habitudes bourgeoises, tout rentrait dans l'ordre. L'Église catholique avait encore son mot à dire, être un enfant comportait des règles, on passait directement de la culotte courte à l'âge adulte, de la cour d'école au mariage.

Le Blé en herbe, un film dont le sujet annonçait les prémices d'une liberté nouvelle, avait l'audace de raconter l'amour passionnel et physique d'une femme pour un garçon de seize ans. Bien sûr, il y avait déjà eu *Le Diable au corps*, mais c'était un livre, c'est-à-dire un objet respectable ayant peu de chances de se retrouver dans des mains innocentes. Alors que le cinéma et son aura d'interdit attiraient les jeunes gens. Un adolescent faisait l'amour à une femme plus âgée que lui. Avec sa facture « noir et blanc », cette œuvre enfonçait un petit clou dans les consciences tranquilles. La télévision n'avait pénétré nos salons que grâce au sacre de la reine d'Angleterre, les mères l'allumaient, les pères choisissaient le programme, c'était encore un objet pour les grands.

Les zazous étaient loin, et le jazz, cette musique que Charles Trenet et Jean Sablon aimaient tant, ne dépassait pas les limites de la rue Saint-Benoît à Saint-Germain-des-Prés.

Les partitions d'André Claveau jaunissaient dans les vitrines des éditeurs. Yves Montand attendrissait Édith Piaf, Patachou maternait Aznavour. Sous un sourcil froncé, l'œil noir de Philippe Clay inquiétait les passants pendant que Georges Ulmer caressait les joues des filles de Pigalle. Tout cela était assez sage et très « français ». Seul Gilbert Bécaud dégageait une énergie annonciatrice d'une fureur qui n'était pas encore de mise.

À des milliers de kilomètres de là, l'Amérique de Norman Rockwell volait en éclats sous l'arrogance des trémolos d'Elvis Presley, un jeune Blanc sulfureux qui pillait sans tact mais avec talent le répertoire des vieux Noirs chanteurs des blues du Sud.

Au même instant, « à l'est d'Éden » dans un champ de blé, James Dean embrassait Julie Harris à reculons et s'amusait à martyriser son père en lui jetant dans un sourire que l'amour n'avait pas d'avenir.

En prenant le pouvoir de ces deux arts modernes, ces garçons venaient d'inventer l'adolescence.

Pendant ce temps-là, à Paris, au square de la Trinité, quatre jeunes se croisaient, échangeant des rêves un peu flous sur un ailleurs possible, une envie de paravents contre l'univers des grandes personnes.

Ils s'appelaient Jean-Philippe Smet, Claude Moine, Françoise Hardy et Jacques Dutronc. Et le hasard voulut que ce soient ceux-là mes préférés. Ceux de la bande du square de la Trinité.

Jean-Philippe faisait ses classes d'artiste avec Lee et Desta « Halliday ». Il était belge, il était blanc et, lorsqu'il vit le film *Loving you* avec un Elvis Presley désarticulé entouré de filles en délire, il sut instinctivement qu'il tenait son avenir.

Claude travaillait dans une compagnie d'assurances en ignorant son destin d'Eddy Mitchell. Coincé dans un costume trois-pièces qui étouffait ses rêves, il dévorait des yeux les pochettes des nouveaux rebelles, Buddy Holly, Eddie Cochran ou Gene Vincent, en maudissant ce quotidien qui le maintenait dans le rang. Françoise, frêle jeune fille un peu pâle, étudiait sagement les chansons des Everly Brothers en évitant les miroirs et Jacques relisait inlassablement Louis-Ferdinand Céline en flânant devant les vitrines de guitares. Tous ignoraient qu'ils seraient les catalyseurs d'une vague prochaine en donnant la parole aux gens de leur âge, inventant le jeunisme sans l'avoir formulé.

C'est aussi à cette époque que, sur les quais de la gare de l'Est, M. et Mme Vartan, accompagnés de leurs deux enfants, débarquaient du train qui les libérait de cette Bulgarie maudite. Après quinze ans de tracasseries d'une administration mesquine, ils découvraient enfin Paris, ses rues, ses ponts et sa langue inconnue.

La petite Sylvie donnait la main à son grand frère, la valise était lourde, et son cœur aussi.

Pour se distraire un peu de faire valser le jazz avec la poésie, Boris Vian et Henri Salvador avaient, par pure insolence, enregistré un pastiche de cette musique américaine qu'on appelait le « rock'n'roll ». Ils ignoraient que cette blague était le départ d'un raz-de-marée qui changerait pour longtemps le paysage de la chanson française.

Quant à moi, j'avais eu le privilège d'être choisi comme assistant par un jeune photographe au profil de vase grec qui s'amusait à surprendre son monde de son intelligence unique, toujours en avance d'une longueur sur les idées reçues.

Il s'appelait Daniel Filipacchi, et j'ai su très vite qu'il serait la chance de ma vie ainsi que celle de beaucoup d'autres.

Daniel ne faisait rien comme tout le monde. S'il travaillait comme photographe de mode pour *Marie-Claire*, c'était d'abord pour épancher sa passion des femmes, lesquelles le lui rendaient bien. Quand j'arrivais le matin au studio, il me donnait les consignes d'éclairage de la prochaine séance. Elles étaient au nombre de deux : l'éclairage d'été – la lumière venait du dessus, symbolisant par là le soleil d'une plage –, et l'éclairage d'hiver qui venait du dessous, comme réverbéré par la neige des montagnes. Après quoi, il choisissait une des nombreuses beautés parmi les mannequins de la cabine de maquillage pour l'emmener à côté, à l'hôtel Bellman, en vue de « prendre un thé ». C'est fou ce qu'il aimait le thé, Daniel ; dans cette branche, je peux vous jurer qu'il est une sommité.

J'avais seize ans, je sortais d'un milieu scolaire où je périssais d'ennui, et je me retrouvais d'un seul coup projeté dans un univers d'adultes particuliers, adopté de surcroît par le plus anticonformiste des hommes.

La première leçon dont il me fit cadeau fut la suivante :

« Dans la vie, il y a deux sortes de gens : les "y-a-qu'à, y-a-qu'à" et les "oui mais, oui mais". Si tu choisis de faire partie de la première catégorie, n'oublie pas que la seconde n'aura qu'une seule idée : te faire chier… Moralité, n'écoute jamais personne. »

Passionnés de musique, son ami Frank Ténot et lui ne parlaient que de Charlie Parker, ne dînaient qu'avec Norman

Granz, et n'avaient d'yeux que pour Billie Holiday. Ils avaient rendez-vous tous les soirs sur Europe n° 1 avec ceux qui aimaient le jazz, préparant ainsi sans le savoir les oreilles françaises à des sonorités lointaines qui deviendraient bientôt le quotidien des enfants du pays. Moi qui avais arrêté le piano pour ressembler à mon père, je me retrouvais avec l'« oncle Dan » qui n'était que musique.

L'intelligence de Daniel fut d'aller en Amérique avant tout le monde et de comprendre que le présent de là-bas ressemblait forcément au futur de chez nous. Il créa « Salut les copains » (expression empruntée à Gilbert Bécaud), qui devint l'émission phare de la jeunesse. En inventant un marché, il donnait à cette génération une identité à part entière.

Consacrant, à mon corps défendant, vingt-huit mois de ma vie à l'armée française, je ne vis pas les débuts de cette révolution tranquille.

Et c'est en Algérie que pour la première fois je rencontrai le rock. Le matin, tandis que les premiers rayons du soleil caressaient les toits d'Oran, j'écoutais Miles Davis et Frank Sinatra sur mon tourne-disque. Tout en regardant la ville s'éveiller, je m'accrochais à leur musique, dernier vestige de mon adolescence.

Eddy Mitchell était en tournée avec les « Chaussettes noires ». Je n'en avais jamais entendu parler.

Coincé dans le rêche tissu de mon costume kaki, je fus tout de suite fasciné par ce groupe aux allures de voyous. Ils arboraient avec insolence un mépris absolu pour les valeurs morales de l'armée, traitant d'égal à égal avec mes supérieurs, lesquels, au contact de leur musique, en oubliaient les raideurs militaires.

Face à eux, mon intraitable colonel devenait mouton, retenant à grand-peine une envie insoupçonnée de remuer son derrière. Avec son air goguenard, Eddy Mitchell me sidérait. Sa façon de chanter, sa coiffure, ses déhanchements tenaient de la planète Mars, et en même temps il était très courtois. C'était un choc, au milieu du marasme algérien, de voir des types si jeunes réussir à se faire respecter avec pour seule arme le but avoué de se marrer.

Et lorsque, au cours de la nuit de Noël, alors que je montais la garde, j'entendis *Retiens la nuit* par Johnny Hallyday, j'ai eu les larmes aux yeux sans comprendre que l'avenir me souriait.

Sous le soleil d'Alger, de Gaulle d'un geste théâtral jurait aux pieds-noirs qu'il les avait compris, trahison qui sonnait la fin de ce que l'on refusait d'appeler une guerre. Mais la tragédie de ces gens sommés de quitter leur soleil pour rejoindre une métropole hostile ne passionnait pas vraiment les enfants. À cinq heures, au sortir de l'école, l'oreille collée au transistor, ils suivaient « Salut les copains ».

Il est assez émouvant de penser qu'au moment où Johnny chantait *Blue Suede Shoes* en anglais phonétique, affirmant sa passion avec assurance d'un doigt vengeur aux aficionados du Golf Drouot, de l'autre côté de la Manche, des petits Blancs coincés dans une Angleterre immuable écoutaient studieusement Chuck Berry et B. B. King. Eux se rêvaient en Noirs américains. Les Beatles et les Rolling Stones tombaient aussi dans le panneau du cinéma de là-bas, sans savoir encore que l'Amérique est surtout séduisante dans les films.

Ils sont bien oubliés, les débuts difficiles de Johnny Hallyday ! À part Jacques Wolfsohn, son directeur artistique, et Georges Leroux, son manager, personne n'y croyait. Il était de bon ton de casser ses disques à l'antenne…

Entre danses à la mode et tubes de l'été, Eddie Barclay, à bout de bras, soutenait Vince Taylor et ses « Playboys ». Ce dernier étant américain (en réalité, il était anglais, donc aussi rêveur), il aurait dû être l'original, mais n'était qu'une copie.

Le vrai, c'était Johnny.

Du haut de son savoir de déjà vieil intellectuel, Edgar Morin, sûr de son fiel, qualifiait les élans d'une jeunesse qui le poussait du coude du mot méprisant de « yé-yé ».

J'ai toujours détesté cette expression, elle représente bien la peur de l'autre, de celui d'après. Panique dérisoire qui fut balayée le jour où Daniel Filipacchi organisa ce concert à la Nation dans lequel Johnny et Sylvie vinrent chanter pour cent mille personnes.

Les années 60 étaient nées. Elles allaient durer jusqu'en mai 68, jusqu'à ce que Jean Yanne, plus révolutionnaire que n'importe quel étudiant, lance au micro d'Europe n° 1 le fameux slogan : « Il est interdit d'interdire ! »

Mais en 1962, pendant que M. Vartan travaille aux Halles pour subvenir aux besoins de sa famille, Mme Vartan remercie le ciel de pouvoir élever ses enfants dans ce pays dont elle a tant rêvé.

Elle qui voulait le calme ne se rend pas compte qu'en laissant sa fille prendre le chemin d'un studio d'enregistrement, elle va se retrouver à l'épicentre de ce que d'aucuns qualifieront de bruit.

D'une étonnante beauté, Sylvie, du haut de ses dix-sept ans, conservait dans ses yeux Maritza le calme et le recul de la petite émigrée bulgare. Et si elle ouvrait grands les bras à ce pays de cocagne, elle n'en conservait pas moins une méfiance qu'elle ne perdra jamais à l'égard des beaux

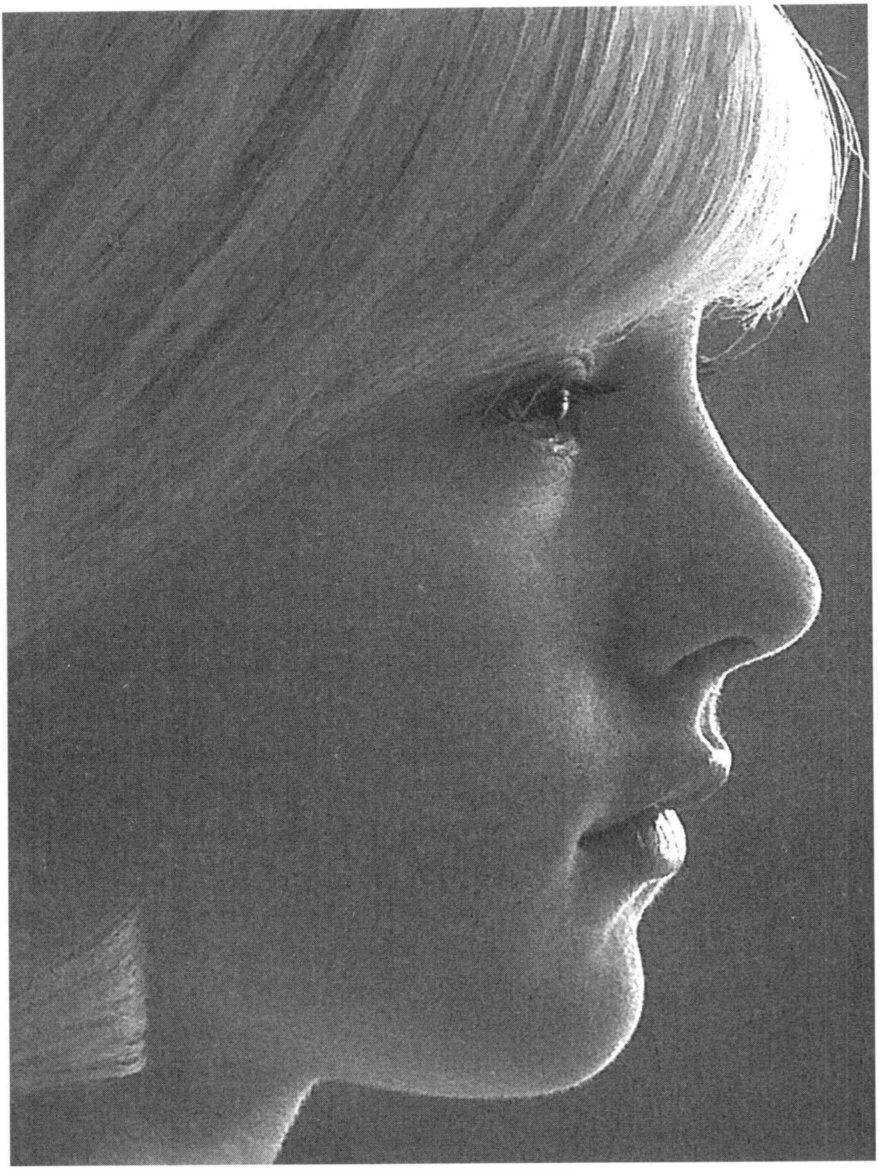

Sylvie Vartan

parleurs, des profiteurs en tout genre et autres prometteurs d'espoirs aux lendemains douteux.

Même jeune, on ne la lui faisait pas.

Mon premier souvenir avec elle remonte à cette année-là, le jour où je me retrouvai en sa compagnie dans un chalet de Megève.

Daniel Filipacchi nous avait envoyés une semaine aux sports d'hiver sous le prétexte de faire des photographies.

C'était très amical de sa part, mais d'abord j'ai toujours eu horreur des sports d'hiver... Tous ces bourgeois déguisés en cosmonautes, leurs conversations de benne (« Je descends la jaune en schuss et on se rejoint aux Choucas pour une fondue... ») et ces queues incessantes de gens montant pour redescendre m'ont toujours semblé accablants.

Et, de toute manière, l'image de Françoise Hardy m'obsédait jour et nuit.

À la seconde où Sylvie et moi nous trouvâmes l'un en face de l'autre, l'expression « tendre amitié » apparut au firmament sous la forme d'un carillonnant feu d'artifice pour ne plus jamais nous quitter.

Ce fut le début d'une conversation interminable, pas très variée du reste, je crois même que le plaisir que nous y prenions tenait dans sa répétition. Aujourd'hui encore, mettez-nous l'un en face de l'autre dans n'importe quelle condition et le papotage redémarre.

Deux gamines.

Le destin de cette fille me fascinait et j'aimais sa famille.

Nous avons tout traversé ensemble à distance plus ou moins proche, et, malgré les milliers de kilomètres qui séparent mon Aveyron de son Amérique, j'aurai toujours le sentiment de lui tenir la main.

Pendant que les succès de Johnny balaient tout sur leur passage, les plumes de journalistes aigris de n'être qu'eux-mêmes assassinent Sylvie parce qu'elle est la plus belle et qu'elle voudrait danser. Pourtant, la meute des bien-pensants qui aboient n'influence pas les foules, et c'est naturellement qu'au-dessus des idées reçues Johnny et Sylvie vont se retrouver.

Ils auront, seuls, la lourde charge d'incarner l'image du bonheur de ceux qui aimeraient leur ressembler, autrement dit, tous les enfants de France. Et je me souviens du jour où j'eus le privilège d'être choisi pour témoin de leur mariage.

Imaginez la chose. Loconville. Au milieu de nulle part, un petit château aux allures de princesse entouré de milliers de fourmis venues pour grappiller un peu de ce bonheur rêvé. Dans le boudoir du bas, Sylvie contemple en silence sa robe de crinoline digne d'*Autant en emporte le vent*.

Dans une chambre du premier, Jojo se prépare à assumer toutes les décisions, sauf celle du choix de cette maudite cravate.

Comme toujours, la foule omniprésente a décidé qu'elle est chez elle, puisque Sylvie et Johnny sont dans sa tête, dans son cœur, dans son salon.

La mince distance qui sépare la mairie de l'église est inondée d'un dangereux enthousiasme, de regards affolés par peur de perdre une miette, de mains tendues par trop d'amour. C'est connu, la foule se plaît à écraser ceux qu'elle aime.

Dans un coin, une petite fille étonnée. On lui a mis sa belle robe, elle regarde passer sans comprendre ces gens qui prétendent chérir une chanteuse mais la bousculent en piétinant son voile.

Sylvie voulait un moment secret, avec un peu de vent, quelques gouttes de pluie pour un mariage heureux. Seulement il fait beau, et le soleil éclaire la violence de ceux qui veulent tout voir.

Le curé fait ce qu'il peut pour maintenir l'ordre. Même Dieu est paniqué, comme souvent, espérons qu'il l'admette.

Il s'en faudrait de peu pour que ça vire à la foire foraine. Frites et flonflons. C'est la fête à tout le monde, sauf pour eux.

Il n'y a pourtant pas de quoi rire, un grand blond s'invente une famille, une envie qui lui vient de loin, et une jeune émigrée convole avec le futur du pays de son choix. Tous deux viennent d'ailleurs, mais représentent la France.

Ils ne sont pas là par hasard, ils ont raison, ils sont l'avenir.

L'idole des jeunes épouse une fée beaucoup moins glacée que le papier sur lequel on la couche, alors elle pleure un peu. Personne ne s'en soucie, ils ne s'appartiennent pas. Alentour, des caméras peu objectives font exploser des vitres. Les toits croulent sous ce que l'on n'appelle pas encore les médias. Les yeux levés, impuissants, les gendarmes sont rougeauds comme il se doit.

Et moi, comme un crétin béat, je souris ainsi que le font les photographes lorsqu'ils sont photographiés.

Mme Vartan s'agite, le mariage de sa fille, c'est le but de son existence. Elle a tellement lutté pour ça qu'elle n'entend pas les cris, elle n'écoute que le maire parce qu'il parle français, sa musique préférée. Une bague, quelques larmes et le tour est joué.

Ça va vite, le bonheur, des petits instants dérobés qu'on voudrait retenir. Tout à coup, c'est la nuit et il est très tard. Pour retrouver ses marques, Jojo fait un billard avec son pote Long Chris.

Dans le grand salon vide, M. Vartan joue du piano pour lui seul, puisqu'il a réussi sa vie et qu'il en a le droit. Personne ne l'écoute, ce n'est pas grave, il en a l'habitude.

Dans le jardin, Eddie Vartan, le grand frère, un peu éméché peut-être, s'assoit contre un arbre en regardant cette maison qui le verra mourir. Un chien couine pour rentrer. Le vent balaie les tuiles écrasées plus tôt par de méchants curieux.

Ce fut quand même une belle journée !

On imagine mal aujourd'hui l'impact de cette union. Ils étaient l'adolescence et s'offraient le luxe de le rester tout en faisant comme les grands.

Entre les tournées, les succès, les voyages, Johnny et Sylvie tentèrent l'impossible de toute histoire d'amour. Seize printemps plus tard, ils échouèrent, mais pas plus que les autres, tous les couples volent en éclats, c'est le nouvel ordre des choses.

Il leur reste David, le fils des années 60.

Le « rock français », expression antinomique s'il en fut, n'aura été chez nous que l'œuvre d'une poignée de garçons. Johnny d'abord, Eddy Mitchell et Dick Rivers ensuite, suivis de Frankie Jordan, Lucky Blondo et autres Billy Bridge. Tous animés par ce rêve américain si éloigné d'un quotidien qu'ils s'acharnaient à fuir.

Et puis, un jour, arrive Dutronc.

Musicalement, pour eux il est un frère, mais son nom à lui est français. Puis viennent Michel Sardou, Antoine, Julien Clerc, Michel Polnareff, ce n'est plus la même danse, la chanson est française et elle reprend ses droits.

Avant, on faisait de la musique rock, après cela deviendra une attitude, une façon d'envisager la vie. Être Rock, comme Gainsbourg depuis toujours mais qui ne le savait pas.

Pendant quinze ans, nous fîmes *Salut les copains* avec douze artistes, plus les Beatles et les Stones ainsi que quelques étrangers occasionnels.

Dès le début, Daniel Filipacchi m'avait pris à part et, avec cet unique sens du raccourci qui marquera toute sa carrière, il m'avait lancé dans un demi-sourire :

« Ce n'est pas compliqué, les photos que tu feras doivent avant tout déplaire aux parents ! »

Cette idée simple devint la bible du journal. Je sortais de l'adolescence et il me demandait de le rester en exaspérant les adultes. Le rêve !

Il est curieux que ce journal, tant méprisé par l'intelligentsia de l'époque, soit resté si présent dans l'inconscient collectif.

Sûrement d'abord grâce à Johnny. Les années 60 ont débuté avec lui et elles tomberont dans l'oubli au moment où il disparaîtra, dans longtemps je l'espère. Ce jour-là, ces années merveilleuses seront rangées pour toujours dans le grenier de nos mémoires, à côté des Années folles et de l'après-guerre des existentialistes.

Elles auront le parfum de ces journaux jaunis qu'on découvre sur les brocantes des marchés en été. La moindre pochette de Claude François me mettra les larmes aux yeux et je me souviendrai qu'à vingt-cinq ans, lorsque je fonçais dans les villes de province, en levant les yeux, je voyais les chambrettes des adolescents recouvertes de mes photos.

C'est ainsi que grâce à mes amis chanteurs, aujourd'hui, où que je me trouve en France, au fond du plus retiré des villages, sur mon visage qui a pourtant changé, les gens revoient peut-être un peu de leur jeunesse. C'est pourquoi, dans la rue, je ne croise que des sourires.

Alors, naturellement, je le regrette un peu, le temps où l'on me payait pour être désinvolte, où l'on attendait tout de moi sauf d'être raisonnable.

Et quand, maintenant, il m'arrive d'aller, à Levallois, dans les cages à lapins du groupe Hachette-Filipacchi, j'ai l'impression d'être un dinosaure qui s'est trompé de zoo.

Claude François

Ma nuit chez Claude

9 septembre 2002

Le pire, c'est que Yann Moix pensait vraiment me faire plaisir.

Podium, le livre qu'il venait de sortir, s'annonçait comme un succès mérité.

En racontant l'histoire d'un sosie de Claude François, il ne faisait rien d'autre que de se débattre comme il le pouvait dans une époque sans illusions. Il en avait rêvé petit, il en parlait maintenant avec ce qui lui restait entre les mains d'une nostalgie d'un autre âge. Bien sûr, son propos était ailleurs, il contournait le cynisme de son temps en pointant le doigt sur une existence pathétique, l'histoire d'un pauvre bougre vivant par contumace son destin de clone. Une sorte de clown.

Pour célébrer la sortie du livre, il avait organisé une fête au Bus Palladium. Il ne s'agissait pas d'une soirée, mais de LA soirée.

Tout ce que Paris compte de surfeurs médiatiques s'était déplacé en force, le Flore, tout le sixième arrondissement étaient là. Je ne crache pas dans la soupe, vous savez, je suis comme eux. J'habite Saint-Germain, je vais deux fois par jour au Flore et je fais le beau dans les talk-shows.

J'aime bien ça, les talk-shows, ça me rassure. Pendant que je fais mon cirque, ma petite machine enregistre à la maison.

Ensuite, je rentre et je regarde. Je me dis : « Ben voilà, t'existes puisque t'es à la télé. »

Je suis de mon temps, moi, faut pas croire.

J'arrive donc vers vingt-deux heures, mû par la seule envie de faire plaisir à Yann Moix.

J'entre en contemplant mes pieds, je voudrais être simple, ne pas me faire remarquer. Déjà, l'idée d'une boîte de nuit me hérisse un peu, puisque, de même que sur une plage, je n'ai jamais compris ce que je faisais là.

Bref. Lorsque je pénètre dans cette salle constellée de portraits de rockers morts, il y a peu de monde. Yann me reçoit gentiment. L'ennui, c'est que je ne sais pas pourquoi il m'a invité. Ou plutôt « qui » a-t-il prié de venir ce soir ? Le photographe des années 60 ? L'ami de Cloclo ? Un vieux émouvant ? Un contemporain qui a commis un livre l'année dernière ?

Me verrait-il comme un confrère ? Visiteur de l'écriture depuis peu, toute preuve d'acceptation est bienvenue. Un quart de seconde, je bombe le torse. Puis ça retombe.

On m'assoit poliment à côté du dénommé Pascal Sevran, que je ne connais pas. Pourquoi est-il là, lui aussi ? C'est un personnage complexe, auteur d'émissions on ne peut plus primaires sur la chanson française, une ode au premier degré que tous ces Parisiens bon ton voient au second. Il les a tous surpris récemment en écrivant un livre magnifique, un aveu talentueux sur un amour perdu. Pourquoi est-il invité ce soir ? Pour quel degré l'a-t-on choisi ? Pourquoi suis-je à côté de lui ? Sommes-nous les représentants d'un passé disparu ? Ou bien est-ce que l'on pense qu'on va, comme tout un chacun, se réjouir du clou de la soirée : à savoir le spectacle que va donner un clone de Claude François.

Cheveux au vent, Beigbeder s'en réjouit déjà. Élisabeth Quin sable le champagne. L'attachée de presse peut se bourrer la gueule, ce soir, son boulot est fini.

Sous une photo pathétiquement figée d'Elvis Presley au sommet de sa gloire, l'éditeur Enthoven m'explique la beauté de cette génération qui s'invente une mémoire en n'oubliant pas ces temps bénis qu'il a eu, lui, le privilège de vivre. Quelle victoire, cette foule distinguée va célébrer le souvenir d'une étoile morte il y a vingt-quatre ans, ils vont chanter en chœur, comme c'est amusant. *Alexandrie Alexandra*, tout est mal qui finit bien. Mon nez ne décolle pas de mon verre, je fixe les bulles comme si elles allaient m'emmener ailleurs. Je ne dis rien.

J'ai peur de faire tache.

Je ne dis pas à Enthoven que j'ai du mal à comprendre son envie de grand-messe pour un type qu'il se retenait de mépriser trente-cinq ans plus tôt. Il a beau me violoner sur les dîners princiers qu'offrait Cloclo dans son moulin, je doute quand même un peu. La crinière affolée dans sa splendide torpédo décapotable, je l'imagine mal en train d'écouter du Claude François. Ou alors c'est récent, il semblerait que c'est bien vu maintenant.

Dans les coulisses, je retrouve mon amie Carole, la reine des Clodettes, en train de superviser le spectacle à venir. Elle a toujours l'œil qui frise, je la sens amusée de se voir parachutée directrice artistique de sa propre jeunesse, garante d'une réalité ancienne connue d'elle seule, une sorte de Mme de Fontenay de l'univers « claudien ».

Je vois bien qu'elle a conscience de la dimension dérisoire de l'entreprise. Elle me sourit un peu à reculons. Loin de moi l'idée de la juger, il faut bien gagner sa vie.

Musique. Enfin, si on peut dire.

Dans une parodie d'éclairage tendance Olympia 1964, le sosie de Claude François fait son entrée sur scène. Entouré de danseuses faméliques, il gesticule en rêvant à l'original.

Il se donne du mal, en plus, il fait « ça » bien.

Je plisse un peu les yeux en regardant son ombre sur le mur pour voir si ça marche. Mais même cette image-là me gêne. Il parodie d'une voix nasillarde, on dirait un guignol de Canal +.

Et la salle le suit, elle aussi veut se faire croire qu'elle rêve, elle s'emballe, reprend en chœur des tubes antédiluviens en mimant des jeux de scène de façon pitoyable. Des gens pourtant sophistiqués me dévisagent avec tristesse parce que je ne chante pas, même sous la branchitude le Club Med se niche… Comme toujours, l'unisson de la gaieté imposée m'embarrasse, un peu comme dans un avion lorsque les gens applaudissent après l'atterrissage.

Je ne veux pas gâcher leur joie, et le cafard me gagne. J'aimerais bien faire partie de leur fête, mais ce soir, je ne suis pas « drôle », je me sens un peu clone de moi-même, un peu traître aussi. Heureusement, dans mon verre les bulles me sourient toujours et je revois ce jour d'octobre 1962 où j'ai rencontré pour la première fois Claude, le vrai, celui dont je serai l'ami.

L'été touchait à sa fin et je traînais comme souvent dans les couloirs d'Europe n° 1, qui, comme ceux de *Paris-Match*, étaient des lieux de rencontre dans lesquels il n'était pas honteux de ne rien faire.

Les canapés étaient accueillants, on pouvait y venir pour le plaisir de la conversation, époque bénie où le bonheur d'inventer ignorait encore l'obsession du profit. Il était dix-sept heures, Daniel animait l'émission « Salut les copains », le journal en était à sa troisième édition.

Le petit monde de la chanson ne voyait plus qu'à travers nous, je vivais les débuts d'un succès qui nous dépassait déjà. C'est alors qu'au bout d'un couloir j'aperçus un garçon blond tenant dans une main un disque 45 tours.

Il était loin pourtant, mais je me souviendrai toujours de l'impression qu'il me fit. Ses yeux guettaient les lieux, il n'avait pas de temps à perdre, tout dans son attitude respirait la survie.

Ce souvenir n'est en rien influencé par la suite, je me rappelle cet instant où je fus touché à distance par la détermination émanant de lui. Comme je lui demandais ce qu'il cherchait, il me répondit, tout en me jaugeant des pieds à la tête : « Je DOIS faire écouter cette maquette. Est-ce que vous connaissez Filipacchi ? » Je l'entraîne aussitôt dans un studio vide et je mets son disque sur la platine. *Belles, belles, belles.* Il chantonne les paroles en regardant le sol. Lorsque je lui présente Daniel, il nous dit : « Je travaille comme batteur pour Olivier Despax, je passe au Caramel. Venez me voir, à la fin du spectacle, il me laisse chanter une chanson. »

Le Caramel était une boîte près des Champs-Élysées, nous nous y rendons un soir avec Daniel. Je connaissais Despax depuis les années 50 à la patinoire Molitor. Gentil garçon au demeurant, un peu bellâtre, un peu Neuilly, son tour de chant était propre, une sorte de Sacha Distel du Drugstore.

À la fin, après la sortie de scène de la vedette de la soirée, le batteur se lève et bondit au-devant de l'estrade. Le temps d'une chanson, le contraste est cinglant. C'est une pile électrique qui virevolte dans tous les sens, il fait durer l'exploit durant une bonne dizaine de minutes sans nous quitter des yeux. Aussitôt, Daniel le propulse « chouchou de la semaine » dans l'émission ; deux mois plus tard, il est numéro un.

Le lendemain de sa prestation, je lui propose de faire une séance de photos. Je le retrouve à l'hôtel Magda, rue Troyon, un lieu de rencontre pour dames généreuses.

Il habite sous les toits une petite chambre de bonne dont les murs sont recouverts de photos de lui en noir et blanc. Ouvrant une armoire, il me demande quelle tenue il doit mettre. Pendus sur des cintres, il y a deux vestes, deux chemises et deux pantalons.

Le choix est mince, mais pour ne pas le vexer je prends un certain temps en vue d'examiner la chose. Il sort le pantalon retenu avec un soin infini, puis retire le sien avec délicatesse. Il l'allonge sur son lit et entreprend de le replier. Je n'avais jamais vu quelqu'un se donner autant de mal pour vérifier chaque pli, scrutant la moindre pince, fermant soigneusement chaque bouton.

L'exercice dure un temps fou, et moi, l'enfant gâté qui n'a jamais rien rangé de sa vie, je suis ému aux larmes par l'attitude de ce garçon que je ne connais pas.

Dans le méticuleux rangement de ce pantalon sont déjà inscrites ses années d'obsessions à venir, la recherche d'une perfection qui en rendrait fou plus d'un, exigeant de son entourage une dévotion à la tâche des plus insupportables. Traitant ses danseuses comme un sultan ses favorites, échafaudant nuit et jour des plans d'avenir dont il voulait maîtriser le moindre détail, angoisse destinée à le conduire jusqu'à cette maudite applique sur le miroir d'une salle de bains, un peu de travers sans doute, pas tout à fait droite sûrement, jusqu'à ce millimètre de trop qui le tuerait un jour.

Nous étions nés tous les deux le 1er février, à un an d'intervalle.

Ce hasard-là nous rapprocha-t-il aussitôt ?

Le seul rôle possible étant de faire partie de ses amis, par chance, dès le départ, j'eus droit à ce privilège. Dans mon petit panthéon, Claude François et Sheila tiennent une place à part. Je n'étais pas tellement sensible à ce qu'ils chantaient, mais ils avaient toute ma tendresse.

Je comprenais leurs envies, leurs espoirs, et surtout leurs parcours me stupéfiaient. Comment aurais-je pu ne pas être fasciné par ces jeunes gens partis de rien, se hissant au plus haut de leur univers avec pour seule arme leur talent et une ardeur à s'en sortir qui me laissait pantois. Moi, je n'avais eu à me sortir de rien, toutes les chances m'avaient souri, je sentais bien que je ne leur arrivais pas à la cheville.

Quelques mois plus tard, un jour de juin, nous arrivons à Vichy après six heures de route au volant de nos Mustang flambant neuves, la mienne est verte, la sienne est blanche. Nous avons traversé la moitié de la France à une vitesse déjà ridicule pour l'époque, impensable aujourd'hui.

C'est le début de sa tournée d'été, qu'il rode dans cette ville parsemée de fantômes patientant en file indienne devant les bâtiments grandioses de sources d'un autre temps. À la queue leu leu comme des santons de Provence, s'accrochant à un gobelet salvateur, ils attendent gentiment un peu de cette eau fade, comme un passeport vers quelques années de plus.

Ils nous sont étrangers, nous nous sentons si jeunes.

Nous avons prévu de faire quelques photos dans la ville avant la répétition du soir.

Dans la suite de l'hôtel, Ticky Holgado, son secrétaire, a tout préparé. Les trente chemises de toutes les couleurs, les quinze costumes alignés sur des cintres, et la machine à ozone pour purifier l'air. Sur le pas de la porte, Claude parcourt la pièce des yeux. Le miroir grossissant est un peu de travers, il entre dans une colère noire. Ticky fait le dos rond en attendant que ça passe. Les obsessions qu'engendre le trac de son patron ne le surprennent plus, elles font partie de sa fonction. Il patiente, les yeux baissés, pendant que Claude s'assoit en examinant sa peau avec une attention féroce. Tandis qu'il scrute sans plaisir ce visage qui ne lui conviendra jamais, je regarde son nez dont je connais l'histoire. Il me l'avait racontée une nuit dans une chambre d'hôtel. Comme d'habitude, il avait exigé qu'on dorme dans le même lit.

Entre la route, les répétitions, les spectacles et les soupers en groupe, nous n'avions pas une minute à nous. Seules les nuits nous permettaient de continuer notre incessante conversation. Aussi il fallait voir les visages atterrés des groupies guettant sa sortie le matin dans les couloirs lorsqu'on apparaissait ensemble.

Donc, à la fin des années 50, il avait encore un nez dont la forme lui déplaisait.

Il s'était alors rendu chez un grand chirurgien esthétique et lui avait tenu ce discours : « Cher monsieur, j'ai besoin que vous changiez mon nez. Je suis artiste, c'est INDISPENSABLE ! Je n'ai pas d'argent, mais bientôt je serai très connu et je viendrai vous payer. »

Je ne sais pas si vous imaginez la force de conviction qu'il faut dans le regard pour obtenir d'un praticien débordé de bourgeoises prêtes aux pires excès financiers dans l'espoir de s'offrir une beauté qu'il l'opère en lui faisant crédit ! Il eut son nouveau nez et régla ce chirurgien trois ans plus tard.

Alors que nos voitures sortent du garage de l'hôtel pour se rendre dans le parc voisin, les fans se jettent sur la Mustang de Claude. À l'arrière, Ticky, débordé de vêtements et d'ustensiles divers, leur balance des sourires complices. Elles courent dans l'avenue ensoleillée en prenant des risques fous avec la circulation pour ne pas le perdre de vue. Des centaines de chaises jaunes entourent une fontaine. Claude en choisit une et s'assoit dans son beau costume blanc.

Pendant que Ticky lui tient un miroir, il s'examine une dernière fois sous l'œil attendri des fans en train de glousser à quelques mètres de là.

Elles ne le dérangent pas, restant à leur place, se sachant tolérées.

Il est assez étrange de voir ce jeune homme blond, adulé par un essaim de jeunes filles, se recoiffant méticuleusement au beau milieu d'un parc comme s'il était dans sa salle de bains.

Claude François dans un parc de Vichy.

Un vieil homme à la raideur nucale passe sans nous voir, son esprit est ailleurs, tout étonné qu'il est d'être encore de ce monde. Il s'arrête en fixant le groupe de filles d'un air absent. Peut-être lui rappellent-elles des femmes qui embellirent sa vie, cherchant encore dans les jeunesses qu'il croise celle qui ressemble au futur qu'il n'aura plus jamais.

Pendant que j'organise les photos de Claude au milieu de cette forêt de chaises, je ne peux m'empêcher d'imaginer cette scène vue de loin, comme d'un balcon ou bien d'un dirigeable. Mon œil collé à l'objectif, à quoi pensai-je à cet instant ? À un détail technique, à la position de ses mains, à Françoise ? Et lui, Claude, songe-t-il aux lecteurs du journal qu'il regarde bien en face à travers mon objectif, à la sonorité de la salle du soir, à sa place au hit-parade du jour ? Cette fille aux yeux rivés sur lui, espère-t-elle un baiser ? Un voyage de noces avec son idole ? Ou bien se contente-t-elle de détester les autres, celles qui par leur présence lui volent un peu de son impossible roman ?

Et le vieux, concentré sur le cou d'une demoiselle, rêve-t-il aux délices d'une aventure, à ces jambes qu'il aimerait effleurer s'il en avait l'audace, ou bien à sa prostate, laquelle a depuis longtemps cessé de lui faire des cadeaux ? Tous ces gens, géographiquement proches mais si loin les uns des autres, vus du ciel, comme ce doit être drôle.

Il doit bien rigoler, Dieu !

En ce temps-là, les vieux m'amusaient, je les regardais distraitement comme des curiosités respectables. Aujourd'hui, je les examine, je les analyse avec une attention particulière, j'essaie de me figurer l'irréversible glissement qui leur courbe le dos et c'est moi que je vois bientôt. L'heure finira par sonner. Normal. Depuis le temps que je suis jeune…

Après le spectacle, nous dînons avec les Clodettes. Belle invention, ça, les Clodettes ! Jolies personnes, toutes races confondues, des visages enfantins sur des jambes de fusée, une sorte de harem soulignant ses jeux de scène, mais n'allez pas croire qu'elles étaient là pour la bagatelle ; lui en tout cas n'y touchait pas.

Retour à l'hôtel, Claude et moi pénétrons dans notre suite. Allongés côte à côte comme un couple incertain, la conversation redémarre.

Il me raconte sa vie à Ismaïlia, sur les rives du canal de Suez, là-bas en Égypte, lorsque sa mère dormait devant la porte de sa chambre, habitude du pays qu'elle ne quittera pas, même à Paris.

Il décrit son arrivée à Monaco avec sa famille. Le seul dont il ne parle jamais, c'est son père. Sensibilisé moi-même sur ce sujet, je n'insiste pas.

Batteur dans l'orchestre de Frosio à Monte-Carlo, il faisait vivre tout son petit monde avec ses seuls cachets. Les temps étaient d'autant plus durs que dans le microcosme du Rocher, les musiciens de l'orchestre officiel étaient considérés comme le bas du panier.

Je le revois allongé près de moi évoquant ce jour où, matelassée de bijoux, une dame de la haute avait par mégarde laissé tomber une plaque du casino de la valeur d'un million de francs. Sautant de la scène pour ramasser l'objet, il avait rattrapé la dame afin de le lui rendre. Touchée par une honnêteté si étrangère à son univers, elle s'était offert un geste de princesse en insistant pour qu'il le garde. Cette plaque représentait bien six mois de son salaire. Quel qu'en soit le montant, tout pourboire étant vexant, c'est en serrant les dents d'humiliation qu'il l'avait remerciée.

Tous les soirs, il travaillait au casino jusqu'à une heure du matin, ensuite il fonçait pour jouer jusqu'à l'aube au Sea Club, une de ces boîtes grotesques dont la Côte d'Azur a le secret.

Une fin de nuit, au moment de la fermeture, tandis qu'il se rhabillait dans les coulisses avec les musiciens, le patron débarque en eau, leur intimant l'ordre de remonter sur scène.

Dans la salle désertée, un milliardaire armateur au nom grec arrogant comme les poils de son torse venait d'entrer avec une jeune personne.

Après avoir jeté une liasse de billets au visage du chef de salle, il avait exigé que l'orchestre revienne afin d'offrir à sa belle d'un soir les joies d'une valse en sa compagnie. Les smokings de travers et les yeux un peu glauques, l'orchestre se réinstalla. Au bout de cinq mesures et trois pas de danse, l'homme était parti sans même leur jeter un regard.

Un soir, Claude avait fait l'erreur de subtiliser un steak laissé intact dans son assiette par un client rassasié. Au risque d'être accusé de sensiblerie, il m'apparaît que ce plat délaissé représentait non seulement un dîner pour sa famille, mais aussi une vengeance justifiée contre cet entourage si méprisant. Le surprenant la main dans le sac, le maître d'hôtel l'avait dénoncé en lui infligeant la honte de retirer de sa paye l'équivalent de ce maudit morceau de viande.

Peut-être est-ce cette succession d'affronts divers qui lui donnerait plus tard la volonté d'arriver jusqu'en haut, au plus près de Frank Sinatra, le rêve de son enfance.

Il me racontait ça en défonçant un oreiller à coups de poing dans une chambre d'hôtel, entourée de filles à sa dévotion. Ce succès qu'il avait tant désiré n'effaçait pas ses rages passées.

Plus je l'écoutais, plus il me touchait.

Et je n'oublierai jamais le jour où, enfin perché au sommet du hit-parade, il devait se rendre pour la première fois à Monte-Carlo pour y être reçu comme une « vedette » à l'occasion d'un show de télévision.

Pour lui, ce retour était capital : parti en employé bafoué, il revenait en roi. Il me demanda d'être le témoin de ce tournant de sa vie.

« Tu seras mon photographe personnel ! » me dit-il, ivre de bonheur, et il embarqua également Paul Lederman, son manager de l'époque.

Alors que nous descendons la nationale 7 dans sa nouvelle Thunderbird décapotable dernier modèle, Claude est en proie à une intense excitation. Les huit cents kilomètres que son bolide avale à une vitesse défiant toute loi naturelle ne sont qu'un détail. Bien qu'il ne cesse de nous parler, sa tête est déjà là-bas.

Après avoir mille fois taquiné la mort, nous nous arrêtons enfin au centre de l'absurdité monégasque. Monaco et la vulgarité de ses privilèges, cette foule défiscalisée se promenant repue sur des trottoirs nettoyés au coton-tige, m'ont toujours mis mal à l'aise.

Lorsque nous parvenons devant le casino, Claude, qui pour la première fois de sa vie va entrer par la grande porte, attend que le préposé lui ouvre. J'imagine la joie qu'il éprouve en glissant au galonné d'opérette : « Garez-la une heure, nous allons juste boire un verre. »

Nous montons les marches recouvertes d'un épais tapis aussi grotesque que ceux de Las Vegas, j'ai l'impression d'entrer dans un gâteau de mariage. Puis on traverse un grand hall.

En le voyant, des gens chuchotent son nom sur son passage.

Nous arrivons jusqu'à un escalier menant vers le restaurant-boîte de nuit. Je le regarde de dos en train de descendre lentement. Lederman et moi sentons bien que, pour lui, chaque marche vaut de l'or.

L'endroit est silencieux, mais en bas, près de la porte d'entrée, un maître d'hôtel nous aperçoit et, nous prenant pour des clients, frappe dans ses mains avec force. Aussitôt on entend, venant de l'intérieur du restaurant, l'orchestre qui démarre.

Il n'y a plus que trois marches, ultime trait d'union entre un passé honni et un présent impalpable que Claude voudrait tant retenir.

Ses cheveux blonds coupés au cordeau tombent en mesure sur le col de son costume de soie, ses chaussettes transparentes épousant dans un soyeux silence des mocassins brillants à écailles minuscules. Il serait bien étonné, le crocodile, s'il se voyait transformé en pompes de luxe en train de fouler une moquette idiote !

Tout est bien, Claude est comme il aime, « tiré à quatre épingles », son photographe et son agent le suivent à distance, le moment est parfait.

Et là, alors qu'il ne reste que quelques pas, il y a ce court laps de temps, peut-être trois ou quatre secondes, pendant lequel le maître d'hôtel reconnaît Claude François. Je vois dans le regard de l'homme la cohue de questions qui l'assaillent. Doit-il le traiter en ancien employé, en ami retrouvé, ou en client payeur ?

Claude s'immobilise à un mètre de lui. Il sait bien que la balle est dans son camp. Il lui suffit de dire qu'il désire une table, du champagne frais, et que l'orchestre joue un air à sa demande, et le tour est joué.

Cet homme qui le fixe dans un demi-sourire craintif sait qu'il n'a pas le choix. À cet instant précis, les désirs de Claude sont incontestables. Cette seconde dure une éternité. Puis Claude penche la tête, et voilà qu'il lui sourit.

Soulagé, l'homme soupire et le prend dans ses bras. Dans la salle immense, une centaine de tables vides nous attendent, éclairées par la lueur chaleureuse de milliers de bougies.

Le maître d'hôtel fait signe à l'orchestre en le montrant du doigt. « C'est Claude ! » dit-il, et tous les musiciens s'arrêtent et sautent de la scène pour venir l'embrasser.

S'il avait été l'égoïste qu'aimaient à décrire ses détracteurs, Claude aurait claqué des doigts et, par ce seul geste, il aurait pu venger des années d'humiliation. Mais c'eût été trop vulgaire et ce faisant, bien sûr, il n'aurait pu être mon ami.

Eddy Mitchell

Ils m'ont tué l'Ouest !

Septembre 1968

Alors que les fièvres du mois de mai s'étiolent, la France reprend son souffle. La Sorbonne, fermée depuis juin, ouvre à nouveau ses portes, effaçant les joyeuses utopies graffitées par les futurs patrons d'agences publicitaires.

Lorsque j'arrive dans les bureaux des éditions Filipacchi, au troisième étage des Champs-Élysées, Régis Pagniez, le directeur artistique du groupe, jette sur la table de la maquette le nouvel exemplaire du journal *Salut les copains* à paraître. Il s'agit du numéro 73, avec Belmondo en couverture. Visiblement, le traitement technique lui déplaît.

— Ce n'est pas une imprimerie, c'est une déprimerie ! lance-t-il en maugréant contre l'administration.

Le tirage approchant le million et demi d'exemplaires, les restrictions sur la qualité du papier se font parfois sentir. Moment mal choisi par Guy Abitan, le rédacteur de *Mademoiselle Âge tendre* aux allures proustiennes, pour s'inquiéter de la mise en pages de son dernier papier.

— Tu sais bien que les gens ne lisent plus ! Ce qu'ils veulent, c'est des photos. Ne viens pas m'emmerder avec ton gris !

C'est ainsi que Régis qualifiait les articles, car, pour Daniel et lui, tous nos magazines se devaient d'être d'abord visuels, les textes n'étant qu'accessoires. Cela ne faisait pas le bonheur de tout le monde, mais c'était ainsi.

Le téléphone sonne sur le poste d'Andréa, la maquettiste de *Salut les copains*. Petite femme énergique qui tenait d'une main de fer son équipe d'assistants, et qu'il était prudent de ne pas énerver au risque d'essuyer une flopée d'injures bien senties.

L'appel étant pour moi, elle me passe l'appareil en m'affublant de quelques sémillants noms d'oiseaux suivis du traditionnel « Je-t'ai-déjà-dit-qu'on-n'appelle-pas-sur-mon-poste ! ».

C'est Eddy Mitchell, que j'essaie de joindre depuis plusieurs jours dans sa retraite estivale.

« Il faut que tu viennes, me dit-il, j'ai trouvé un coin qui ressemble à l'Ouest américain… »

Eddy étant loin d'être un fanatique des délices de la promotion, c'est une offre qui ne se refuse pas.

En partant, je vais voir Jean Demachy, mon ami de toujours, le directeur artistique du journal *Lui*. Ce bureau aux luxueux canapés voyait défiler les plus jolies filles du monde, l'œil pétillant d'espoir, rêvant d'exhiber leurs corps somptueux dans le *centerfold* du magazine. Il y avait d'ailleurs une pièce adjacente préposée au strip-tease de ces belles, lesquelles s'effeuillaient joyeusement devant les dirigeants du journal. C'était le contraire du poker, elles payaient de leur corps pour être vues. Les membres de la rédaction en sortaient généralement avec les yeux injectés de sang par l'effort surhumain du calme indispensable qu'exigeait leur fonction. Au fond, Jacques Lanzmann en bégayant cherchait des titres pour un article, Dumoulin, le Tarass Boulba de la mode, arrosait l'assemblée de sa voix de stentor, et le photographe Giacobetti rêvait à son prochain voyage dans les îles.

Jean Demachy a toujours été bel homme, bien plus élégant que l'acteur Jeff Chandler, auquel il ressemblait étrangement. L'humour étant son moteur principal, je lui demande encore une fois s'il m'accepterait pour gendre. « Ainsi, lui répétai-je, en partageant mes nuits avec une de tes filles, j'aurais l'agréable impression de dormir avec toi ! » En plus, il y a l'embarras du choix ; des filles, il en a trois.

Bien que séduisante, l'idée n'a pas l'air d'accrocher.

Dans le bureau mitoyen de *Mademoiselle Âge tendre*, ma sœur Anne-Marie oublie sa fonction de rédactrice en chef pour hurler de rire en me narrant sa soirée de la veille. Place du Tertre, où elle habitait, Dutronc était venu chanter sous sa fenêtre, accompagné de son pote Hadi Kalafate déguisé en fille de joie. Derrière le visage d'enfant sage d'Anne-Marie se cache la déconneuse. Nous ne sommes pas beaucoup à voir l'entonnoir qui orne son crâne, car il est transparent.

J'embrasse ma beauté de petite sœur, la route m'attend.

Dans mon Iso Rivolta toute neuve, en descendant la nationale 7, sur ma sono à faire pâlir les Who, je laisse tourner *Jumpin Jack Flash* écouté en primeur chez Christian Marquand dans sa maison de Rome.

Qu'est-ce qu'Eddy entendait par l'Ouest ? Je l'avais souvent vu sur scène ou en studio, mais à quoi pouvaient bien ressembler ses vacances ?

Et c'est dans un paysage de Haute-Provence qu'aux confins d'un chemin tortueux je tombe en pleine garrigue sur un village western inventé.

Une artère principale et ses maisons de bois, un saloon, une prison, le tout entouré d'enclos, un rêve de Sam Peckinpah au pays de Pagnol.

J'avance dans la rue vide, tel l'étranger indésirable, lorsque surgit derrière des portes battantes une extrapolation de cow-boy venue d'une autre dimension. À mesure qu'il avance, je découvre maintenant un Français moyen type aux joues légèrement couperosées. Cachant son durillon de comptoir sous des franges tournoyantes, il évolue au rythme imposé par des années de bureaucratie. Sous le fringant Hopalong Cassidy, le Raimu peine un peu, mais se fait discret. Il ne me prête aucune attention, je ne suis pas en costume, donc il ne me voit pas. Après avoir fait quelques pas, il se retourne vers la porte et écarte les jambes en positionnant ses mains à la hauteur des colts 45 qui pendouillent à ses hanches. L'attente est d'autant plus intolérable qu'elle est soulignée en fond sonore par la voix de Claude Piéplu dans les Shadocks. D'un magistral coup de pied, la porte s'ouvre et un shérif bondit en tirant une rafale de coups de feu. Son faciès d'adjudant-chef est recouvert d'un chapeau un peu large qui retire de la superbe à son héroïque gestuelle.

J'apprendrai plus tard qu'il est contractuel de son état et que pendant ses vacances, c'est avec délectation qu'il troque les sabots de Denver contre une winchester à douze coups.

Mon fonctionnaire du premier plan joue le jeu à fond. Il chute au ralenti et mord la poussière avec un sens du réalisme qui force le respect. Le bureaucrate donne dans le sublime. Rien à dire, j'ai affaire à des pros. Avec mon jean et mon blouson, je me sens tout minable.

Un enfant traverse en courant et se précipite sur l'homme au sol en tirant sur sa manche. Il crie : « Papa, et moi et moi… », rompant ainsi le charme d'une mort mûrement méditée. À la terrasse d'une maison, une épouse un peu boulotte habillée en Indienne repose *Belle du Seigneur* pour appeler l'enfant : « Julien, laisse papa jouer tranquille ! » Le père en question se relève en râlant un peu. Il hausse les épaules en s'adressant à son « ennemi ». « Tu tireus avaing de sortireu, c'est pas du jeu ! » Son accent du Midi contraste avec sa fière allure. S'ensuit une courte dispute sur l'ordre à respecter en cas de duel, stoppée sèchement par un « *Let's ride now !* » (ce qui dans sa musique donne : laitse raïde naoh). Puis, se tournant vers le saloon : « Je monnteu Blaque Stareu aujourd'hui ? » De l'intérieur, une voix répond : « Non, pas Black Star, prends Fougasse, pardi ! »

Les deux hommes s'éloignent en bougonnant vers un cheval qui, à leur approche, se prend à caresser des idées noires.

Ainsi, voilà deux hommes d'âge mûr qui, alors que la première bombe H française vient d'exploser à Mururoa, en sont restés aux joies du colt 45.

À ce moment, au milieu de la rue désertée, comme en fondu enchaîné, Eddy Mitchell surgit de nulle part. Sur son visage éclairé à quatre-vingt-dix degrés, le stetson ourlé fait une ombre en diagonale.

Le jean est élimé là où il faut, les bottes d'un autre siècle foulent le sol en majesté. Un seul colt à la taille, c'est beaucoup plus classieux, et une winchester sur l'épaule, Richard Widmark *himself* n'aurait rien à redire.

Il m'accueille chaleureusement comme à son habitude, et je vois bien que ses yeux rient, pas dupes, soulignant ainsi le paradoxe qui est le sien.

Eddy est un cas unique dans le monde du spectacle. Il est le seul que j'aie vu sauter en l'espace d'une vie du premier au second degré sans se trahir. Sa passion du cinéma et notamment du western n'était pas feinte, on le constatera quelques années après avec ses émissions de télévision. Mais le même homme, qui aujourd'hui est doté d'un recul et d'un humour réfractaire à toute amertume, était à l'époque capable de passer des vacances à jouer comme un enfant en s'approchant, avec les moyens du bord, au plus près d'une Amérique qu'il ne connaissait pas. Il eût peut-être été préférable qu'il en restât là.

« Tu vas voir, j'ai trouvé l'Ouest, me dit-il, enfin, tout comme… »

Et il m'emmène à pied loin derrière les enclos dans un terrain refusant d'être vague, néanmoins dénudé, au milieu duquel effectivement trône un rocher roussâtre à la forme pleine d'espoir, tenu qu'il est de représenter à lui seul le Colorado dans son ensemble et les décors de John Ford en particulier. Les pins parasols jurent un peu, mais en plissant les yeux on pourrait presque y croire. Il faut faire attention de bien demeurer dans l'axe, sans quoi, en arrière-plan, l'autoroute et son cortège d'Ami 6 et autres Frégate vous gâcheraient le moral du plus assidu des rêveurs cinéphiles.

De ces détails Eddy n'a cure, son imaginaire confère d'emblée à ce lopin du Midi-Pyrénées l'ampleur de *Winchester 73*, l'infini de *Rio Bravo*.

Le rêve étant une seconde vie, comme le disait Nerval (phrase que j'ai lue sur un cendrier dans un hôtel), ce cher Eddy entreprend de m'entraîner du côté de l'étymologie des vachers d'Amérique quand leur prenait l'envie de dégainer plus vite que leur ombre. C'est à travers le *holster*, autrement dit l'étui de cuir moulant amoureusement la forme du revolver, que le cow-boy pressé tirait, sans dégainer, « en loucedé » si j'ose dire. L'adversaire pris de court par la célérité du geste en restait comme deux ronds de flan. Démonstration. Ayant vis-à-vis des armes à feu une méfiance ancestrale, en citadin péteux, je choisis d'observer l'exercice à distance honorable. Chez un cow-boy qui se respecte, tout est dans l'exactitude de la position.

Jambes écartées, de préférence légèrement arquées, la hanche mobile bien qu'empreinte de virilité, la main faussement molle caressant l'air à portée de l'objet, un doigt nerveux pour trahir une tension intérieure maîtrisée. L'instant vire au grand art, John Wayne doit s'en retourner de jalousie dans sa tombe.

Comme l'éclair, sa main bondit, il tire, le coup part… Et la méchante balle lui entre dans le mollet droit.

Et là, réflexe stupéfiant, preuve éclatante d'années passées dans des salles obscures, les yeux rivés sur des séries B doublées dans un français approximatif, mû par un élan de sincérité absolue, un cri s'échappe de sa poitrine : « MERDE, J'SUIS TOUCHÉ ! »

En plein milieu de la campagne française, par la seule ténacité de son imaginaire, c'est comme si tout à coup nous étions encerclés par des Sioux ! Si mon souvenir est bon, je crois même avoir jeté un œil inquiet alentour.

Adieu le technicolor. Maintenant, le film est bien de chez nous. Il se penche vers sa jambe et sous le jean retroussé apparaît la chaussette Stem noire transparente, et à travers les poils collés on distingue la balle nichée sous la peau. Tandis qu'il s'appuie sur mon épaule, nous rentrons en vitesse vers le village. Foin des apparences, derrière un corral, on saute dans la DS 19, direction l'hôpital. Cette scène se déroulant un jeudi, jour de congé des enfants, la salle d'attente est pleine de bambins ravis par l'entrée d'un cow-boy vraiment blessé.

Se faisant discret, Eddy laisse descendre son stetson vers l'avant pour échapper aux regards réprobateurs des mamans interdites.

À cet instant, la porte vole en éclats et sa femme de l'époque fait irruption, habillée en costume nuptial cheyenne. Elle prend les mères à témoin, faisant un boucan du diable sur les risques que son homme fait prendre à sa progéniture. « L'autre jour, il a tiré dans le plafond ! Un jour, il va me tuer un gosse, etc. »

Je demande pardon à Eddy de narrer encore une fois cette histoire qui certainement le lasse (je lui demande pardon, mais, comble de l'hypocrisie judéo-chrétienne, je la raconte quand même), il se trouve que c'est un des moments les plus drôles qu'il m'ait été donné de vivre, de même que le voyage que nous ferons plus tard.

Il chantait à l'Olympia lorsque j'eus le bonheur de lui annoncer son prochain voyage aux Amériques.

J'avais convaincu le journal de l'urgence qu'il voie par lui-même l'Ouest de son enfance. Je lui proposai de nous retrouver là-bas après ma tournée avec James Brown.

Donc, en mai 1969, je suis à Dallas en train d'attendre mon ami de Paris. Dans l'aéroport, triomphe de l'architecture futuriste, tout n'est que béton, aluminium, verrières et surfaces lisses reflétant le bleu du ciel. Le nez d'acier du Boeing s'arrête à quelques mètres de la baie vitrée d'où je peux épier les passagers arrivant de France via New York.

Une bonne centaine de décisionnaires en costume d'homme d'affaires descendent l'échelle argentée, attaché-case bien en main, ils ont tous le profil volontaire des bâtisseurs d'avenir. Et, au milieu, un cow-boy et une Indienne, Eddy Mitchell soi-même et sa squaw.

Après deux jours vécus dans cette Mecque du pétrole, nous prenons la route pour Fort Alamo. Première déception sur le chemin vers l'Ouest, aucun cheval à l'horizon, que des derricks s'essoufflant sur des puits de pétrole. Mais où sont donc passés les fringants cavaliers d'antan ?

Eddy Mitchell et Burt Lancaster

Des cactus cierges annoncent l'approche d'El Paso, le territoire indien.

La ville est décevante, direction Tuckson, berceau de la nation Navajo. Remarquant sur un grand immeuble un panneau publicitaire vantant les mérites du « Navajo Times », je sens la frustration d'Eddy monter d'un cran. Des Indiens il y en a, mais ils ont piètre allure, rien à voir avec les tumultueux Apaches et autres Sioux de la sacro-sainte mythologie western. Soudain, au tournant d'une rue, nous tombons en pleine bataille rangée entre des cow-boys, certains chutent des balcons, d'autres rampent dans la poussière. C'est un village de cinéma, il s'agit d'un spectacle donné à heure fixe pour un public de touristes agrippés à leurs Kodak. On cherchait l'Aventure, on tombe sur Disneyland ! Eddy est effondré. Juché sur une estrade, un Indien s'adonne à une pathétique danse du feu, il sautille en laissant entrevoir un slip « Fruit of the loom » des plus regrettables.

Apercevant Eddy, le seul en costume local, le sachem le prend pour un acteur professionnel et lui lance un clin d'œil de collègue.

Pour finir, le cœur battant, nous pénétrons dans un magasin d'armes à feu. Fou de joie de l'achat d'un colt 45, Eddy inspecte dans tous les sens l'objet de ses rêves et réalise alors qu'il est *made in Italy*.

Il s'assoit sur le trottoir, les yeux éperdus de désillusion.

« Ils m'ont tué l'Ouest ! »

Évaporé, le fantôme de Jesse James, Billy the Kid l'avait trahi, Davy Crockett n'était qu'un vil menteur et Wyatt Earp un illusionniste de bastringue ! De ses rêves d'enfant cinéphile, il ne restait rien.

Les beaux mensonges sur pellicule ne lui laissaient que des regrets d'illusions perdues.

Mais je ne voudrais pas restreindre Eddy Mitchell à la seule dimension d'un obsédé de la ruée vers l'or. Son éventail est beaucoup plus large, il suffit d'écouter les paroles de ses chansons.

Son succès lui avait permis d'approcher son rêve, comme Sylvie avec son château de conte de fées de Loconville, comme Johnny et ses Harley Davidson, comme Cloclo et son petit empire.

Bien que je ne doute pas qu'entre Eddy et moi demeure le ciment de l'estime, je sens souvent dans ses yeux comme une lueur de reproche. Est-ce parce qu'il me trouve trop enclin à me pencher sur hier, lui qui par ses chansons n'est tourné que vers demain ?

L'un de nous deux a tort.

Et si ce n'était pas lui ?

Keith Richards

Où est passé Norman Rockwell ?

Mars 1972

Cet après-midi-là, sous les effets d'une herbe prolifique, je parcours Paris en compagnie de mon ami Bob Elia. Partageant avec moi un goût certain pour le dilettantisme, Bob est surtout un artiste éclectique. Maniaque de l'élégance imperceptible, il traverse la vie avec pour arme principale une faculté à rire de tout, à commencer par son image lorsqu'il croise un miroir. Peintre, illustrateur, ce déraciné du Liban possède une culture aussi variée que subtile. Sa générosité ne m'ayant jamais fait défaut, voilà trente ans que j'emprunte à sa tournure d'esprit. Comme nous ne nous quittions plus, il était naturellement devenu le directeur artistique de mes photos, ce qui nous permettait de partir dans les tournées et autres voyages que l'on inventait pour le plaisir de remplir les pages de *Salut les copains*.

Est-ce la récente vision de *Jonathan le Goéland*, ce film qui raconte la vie d'une mouette ? Toujours est-il que, sur le boulevard Saint-Germain, il n'y a plus de gens, seulement des animaux. Quelques veaux côtoient des balbuzards, un casoar intime d'un doigt vindicatif l'ordre de s'arrêter à une Morgan conduite par un fox-terrier cheveux au vent, un évadé du seizième arrondissement, le genre à dévaliser Old England avant de mettre le nez dehors. Je ne sais pas pourquoi, j'ai horreur des gens qui font de la voiture décapotable en hiver.

Ciel, un miroir ! Dans le reflet nébuleux, je reconnais nos vestes en seersucker de chez Breslave, mais ces faciès de gnous me sont bien étrangers.

Deux antilopes nous font de l'œil en couinant, c'est trop, il faut que l'on s'asseye. Nous pénétrons dans un bar, un de ces Balto aujourd'hui disparus.

À l'entrée trône la caissière, une tête de hibou montée sur roulement à billes. Le cheveu bien crêpé comme du sucre glace, le trait de rouge dépassant rageusement la limite de ses lèvres comme pour affirmer une sensualité fameuse trop longtemps oubliée. Elle toise son monde, la caissière. Elle les regarde bien en face, ses clients. C'est qu'elle en a vu, des sexes, dans sa vie d'avant. Des petits tremblotants, des prétentieux, des timides. Des alanguis très doux, paresseux mais pas fiers, des qui sautaient en marche, des affolés prudents. Des qui se recroquevillaient par peur d'être de trop, et des infatigables puissants mais sans finesse, durs à la tâche mais sans conversation. Elle l'a bien méritée, sa position assise, après toutes ces années à lire dans les plafonds. Aussi, lorsqu'on la paie, elle ébauche un sourire, réminiscence du devoir accompli, du travail bien fait. Elle souriait pour l'amour, maintenant c'est pour une bière ; dans les deux cas de figure, le plaisir est pour l'autre. Elle passe les plats, c'est tout.

Je les aimais bien, les cafés du Paris qui sentaient l'après-guerre, avec la sciure par terre et le néon moderne.

Un sapajou nous demande du feu pendant qu'un mouflon s'énerve contre une cabine téléphonique. Qui pourrait nous comprendre ? Personne, à part Dutronc.

Lui seul a le recul. Il peut rire de tout, Dutronc, et surtout de lui-même.

Porte-parole des titis parisiens disparus dans une France qui se modernise, il est le petit Bardamu du neuvième arrondissement.

Dranem lui caresse les cheveux, Henri Garat le chouchoute, Maurice Chevalier lui tend la main.

C'est alors qu'avec Bob une idée nous vient. Si on emmenait Dutronc en Amérique profonde pour faire une série de photos qui le représenteraient en Français moyen, en « Mimile » absolu, la quintessence de la brève de comptoir. Bob s'emballe.

Une ode au calendrier des postes sur la terre de Sitting Bull, voilà un beau projet !

Presque naturellement, le shopping s'impose : une baguette, un béret, un vélo de course, une boule avec le Sacré-Cœur sous la neige, des sabots de paysan, un buste de Napoléon et surtout le journal *L'Équipe* qu'on lui ferait lire au mont Rushmore, tournant gauloisement le dos aux portraits géants des présidents des États-Unis sculptés dans la roche montagneuse.

On cherche des idées en hurlant de rire jusque tard dans la nuit.

Puisque, la semaine suivante, nous allons rejoindre les Rolling Stones en tournée, il ne nous reste qu'à fixer à Dutronc un rendez-vous quinze jours plus tard du côté de Denver, dans le Colorado.

Le recul aidant, je mesure ma chance. Je pouvais à tout moment décider de partir à l'autre bout de la planète avec un ami chanteur sous le prétexte fallacieux de garnir les pages du journal.

Aussi en mars 1972, lorsque je monte dans l'avion avec Bob et nos valises remplies de colifichets franchouillards, ma vie me semble normale et je crois qu'elle sera toujours comme ça.

Arrivés à New York, nous sommes aussitôt pris en main par la douane. J'ai beau n'être en rien fautif, toute confrontation avec des autorités me donne la peau d'oie. Le détecteur de métaux s'affole au contact du buste de Napoléon que Bob a dans sa valise. Et le gabelou de sursauter lorsqu'il découvre notre attirail gaulois.

Toute une culture étrangère lui saute aux yeux, comment expliquer à ce natif du Missouri la raison de ces objets disparates ? Qu'est-ce qu'une baguette de pain rassis et des chaussures de bois d'un autre siècle viennent faire dans le Nouveau Monde ? Justement, sous les sabots de paysan, il aperçoit de la terre collée.

Panique immédiate, nous voilà *ipso facto* traités en trafiquants majeurs de produits illicites. Nous avons droit à la visite des coulisses de l'aéroport jusqu'à une sorte de laboratoire. Un cosmonaute analyse la semelle du sabot. La pointe de la technologie moderne mobilisée pour un morceau de terre du Loir-et-Cher !

Après une fouille en bonne et due forme, nous sommes autorisés à pénétrer sur le sol américain.

J'avais tellement rêvé de ce pays-là. Déjà, au début des années 50, je m'accrochais au bar du Mammy's, rue Balzac, le premier snack de Paris.

Royaume du formica, des appliques futuristes aux allures de cosmos éclairaient la machine chromée qui enfantait des hot-dogs dans une lumière de planète Mars. Dans mon costume en prince-de-galles gris de chez Eddy (galerie du Lido, au fond à droite), je sirotais des milk-shakes en évitant de tacher mon pantalon à revers (4 cm, une cassure, 19 cm en bas). C'était ça ou le blue-jean avec un gros revers, genre Rock Hudson tondant sa pelouse sous les yeux d'un briard émerveillé par le soleil d'un flash. Je me souviens de l'étonnement de ma grand-mère, en vacances à Saint-Brévin-l'Océan, me voyant passer des journées entières dans la mer avec mon Levi's neuf, afin que le tissu rêche et dur se moule sur mon corps d'adolescent en devenir.

Et mes jambes toutes bleues tandis que je retirais la chose qu'il ne fallait ni froisser ni plier. L'odeur du Levi's, c'était l'odeur de là-bas.

Près des murs menthe à l'eau du Mammy's, en tournant l'épais bouton du juke-box, on faisait défiler les titres mystérieux de musiques inconnues : Tommy Dorsey, les Four Freshmen, les Hi-Lo's, Stan Kenton… Tous ces noms que l'on retrouvait sur les pochettes des disques 25 cm « long playing » soutirés aux veinards du « PX », les boutiques des casernes de l'armée américaine en Europe.

On y contemplait des Dick Van Dyke en polo à rayures au volant de Cadillac rouges interminables, des vues de Voie lactée sur New York la nuit, des Glenn Ford en costume dacron qui enlaçaient des femmes archicoiffées, des papesses de l'*apple pie* au sourire Doris Day et à la poitrine sûre d'elle-même.

Les lendemains du monde nous sautaient aux yeux, alors que par la fenêtre du bar, dans le gris de Paris, je ne voyais qu'un paysage navrant d'« Antoine Pinay » courbés.

Lorsque Bob et moi rejoignons les Rolling Stones à Boston, la cohue qui entoure l'hôtel est en proie à une intense surexcitation.

La ville est au bord de l'émeute.

L'hôtel dans lequel loge le groupe est en état de guerre. Une foule de groupies professionnelles occupe les lieux, leurs yeux de lasers balayant alentour à la recherche d'un accès vers l'objet de leurs fantasmes. Quiconque a ses entrées devient leur meilleur ami, leur amant, leur maître.

Ce qu'elles sont prêtes à donner n'a pas de limites, elles sont sans mystère. J'appelle au secours Jo Bergman, la directrice de la tournée. Petite brune énergique, seule son apparence est ronde ; pour le reste, c'est le genre silex. Elle nous fait entrer sous bonne escorte en vue de retrouver un personnage apparemment indispensable nommé Carlson.

Dans un couloir de l'hôtel, l'index intraitable d'un garde du corps nous intime l'ordre de nous asseoir. Même son visage est une armure.

Les maxillaires bloqués par trop d'incompréhension, en bon Américain moyen il fait le job qu'on lui demande, sans discuter, sans analyse, comme il ferait la guerre.

Ce groupe efféminé d'étrangers britanniques qu'il garde de son corps, il ne les saisit pas, n'en voit pas l'intérêt. Heureusement, ils ne lui parlent pas, il ne saurait quoi dire.

Ils ne sont rien pour lui qu'une poignée de dollars.

De ces trois mois passés, il gardera le souvenir d'un tumulte inutile, d'une ou deux filles en pleurs qui céderont par fatigue et d'interminables nuits à attendre que les princes qu'il protège daignent aller se coucher.

Installé sur des malles d'instruments, il est en train de dévorer un *T-bone* steak cru dont la taille pourrait nourrir une famille zaïroise pour la semaine. Quand je commets l'erreur de croiser son regard, il aboie d'un ton caverneux : « *I like blood !* » Il n'aime pas son travail, ni les Stones, ni les gens, il ne m'aime pas non plus, la planète le dégoûte, seule la « country music » lui caresse l'âme. Johnny Cash, voilà du sûr, du palpable, la famille, quoi.

Il ne me quitte pas des yeux. Un mot suffirait pour que je passe d'un bord de la frontière à l'autre, sa méchante main pourra serrer la mienne si on le lui suggère, ou me jeter dehors si on le lui demande, peu importe, pour lui le monde est transparent. D'un air las, il s'essuie les mains sur un tee-shirt siglé « Mick is God » en effleurant l'arme de poing qui brille à sa taille.

La porte de l'ascenseur s'ouvre sur une fan égarée, une nymphette intimidée prête à sourire à qui le veut, même à une poignée de porte, pourvu qu'on la laisse approcher Mick Jagger.

L'homme des cavernes bondit par-dessus la malle et, sans lui dire un mot, l'envoie valser dans l'ascenseur avec une violence inouïe. Puis, appuyant sur le bouton de descente, il nous lance un sourire teinté d'hémoglobine en allant se rasseoir, tandis que les portes de l'ascenseur se referment sur la poupée désarticulée qui hurle « *Please !* » en replaçant son soutien-gorge en guipure fauvette.

Bob et moi, c'est à peine si on ose respirer.

Carlson fait son entrée.

C'est un personnage inénarrable, sorte de Buffalo Bill urbain imbu du pouvoir abyssal de distribuer les badges.

Il y en a de toutes les couleurs, tous ont une fonction précise. Les bleus vous autorisent à attendre dans la loge des musiciens de la première partie. Les verts permettent de pénétrer dans la loge des amis du groupe. Les rouges mènent à la loge des Stones eux-mêmes. Et le fin du fin, ce sont les violets, ceux qui ouvrent la porte des appartements de Mick Jagger en personne.

Le temps d'une tournée, le dénommé Carlson a l'arrogance d'un cerbère du paradis. Il nous toise avec la distance d'un sphinx.

« Alors, c'est vous, les Français qui veulent des *pass* pour le concert... »

Dédaigneux, l'oiseau, bien décidé à nous faire sentir que la désinvolture calculée de sa veste à franges n'est qu'une habile parade, que, sous l'ostensible attitude « Woodstock », l'homme est une huile.

Le soir, dans les coulisses, lorsque le groupe arrive et que Mick m'accueille chaleureusement, il faut voir la tête de Carlson. « *So, he's a friend of the boys !* » Et là, d'impérial il devient veule.

Sortant la mallette magique, il nous propose tous les expédients disponibles sur la planète. Des *uppers*, des *downers*, toute la panoplie des dopages pharmacodynamiques de pointe est à nos pieds, prête à nous transformer en benêts de la branchitude internationale.

On connaît Mick Jagger, donc on a tous les droits. Est-on bien installé ? Est-ce qu'on veut des filles ? Etc. Versailles...

Le concert a commencé. Pendant que le groupe virevolte, je fais un tour dans la salle. À cet instant, le danger est partout. L'agressivité maîtrisée qui émane de la scène est récupérée, digérée, amplifiée par les spectateurs. S'identifiant pour le meilleur ou le pire à ces garçons à jamais inaccessibles qui pourtant leur ressemblent.

En ce sens, j'ai plus de chance que les Stones, Johnny, les Beatles ou tous ceux que j'ai croisés. Ce que je vois du public, ils ne le verront jamais. J'avais demandé à Mick quelle était sa perception d'un spectacle : « C'est un grand trou noir avec des hurlements. »

Il ne peut pas distinguer la grappe de filles qui tombent du balcon en s'écrasant sur le béton du stade. Mentons cassés, genoux tordus, j'imagine la tête des parents quand l'ambulance ramène la petite qui les avait laissés ce soir au lieu de regarder *Ma sorcière bien-aimée* dans le tube rassurant du poste en simili-acajou familial.

Ils ne voient pas non plus le cinglé jetant une bouteille sur la scène et que les *roadies* tabassent à mort. Il a beau expliquer qu'il l'a fait par amour, le visage en sang, s'il lutte, c'est pour rester quand même.

Au dernier rang, il y a un type avec une tête de chèvre, genre Donovan, qui se masturbe laborieusement sans se soucier de la basse-cour qui hurle en lui tournant le dos. Qu'est-ce qui le met dans cet état ? Les filles, ou Mick Jagger ? Je pencherais plutôt pour ce dernier.

Au-dehors, il y a tous ceux qui n'ont pas pu entrer et qui bougent en mesure sur les musiques lointaines. Le rock aussi a ses exclus.

Scène surréaliste après le concert. Une armée de policiers forme une haie d'honneur jusque dans les coulisses. En Amérique, on ne sait jamais si ce sont les films qui copient les flics ou si ceux-ci s'inspirent de Hollywood. Ils sont bien une trentaine à s'étaler en rang d'oignons pour préparer la venue du maire, lequel tient à être photographié aux côtés du groupe. Ce qui est quand même assez paradoxal si l'on songe à ce que sont les Rolling Stones : une langue tirée à la société entière, ils se tapent des gamines, se droguent à tour de bras, gagnent des milliards ; si ce n'était pas eux on les mettrait immédiatement en prison.

Et là, le maire de Boston va venir pour être immortalisé auprès de loustics qu'en temps ordinaire il considérerait comme des petits bandits.

Le maire arrive avec son épouse, laquelle ne passe pas inaperçue. La crinière lyophilisée, son corps massif n'est qu'une succession de plis redondants, ce n'est plus un être humain, c'est un *blob*.

Quand je pense que le maire fait tout ça pour épater cette femme... C'est beau, l'amour !

Dans les coulisses aménagées en buffet pantagruélique, l'orchestre de Stevie Wonder, qui assure la première partie, roule des joints dans les pages jaunes du *Boston News* sous le regard des flics qui tanguent un tantinet.

Et lorsque le maire demande à Mick une dédicace, celui-ci s'exécute avec un sourire en coin en posant un poster des Stones sur la table près d'une pyramide de cocaïne à faire pâlir la brigade des stups de la région entière.

Allez faire l'éducation de vos enfants après ça.

Mon plus grand plaisir, en compagnie de Bob, était de parcourir les villes en quête des derniers vestiges d'une Amérique qui nous avait hantés.

Nous recherchions les traces de Norman Rockwell, les *diners* en acier clouté, les Cadillac rose bonbon, les couples aux sourires francs, certains que leur bon droit ressemblait au futur de la planète. Mais ces rues encore empreintes de la naïveté du Far West étaient désormais envahies par les posters du Pushpin Studio, les dessins de Milton Glaser, les affiches du Fillmore, les explosions psychédéliques de Peter Max.

Même le Sud voulait ressembler à Greenwich Village, les hippies enterraient John Wayne pour toujours.

Ce contraste, nous le vivions en première ligne grâce à la violence de l'arrivée des Rolling Stones.

Le lendemain, vers trois heures, un poste de télé gicle d'une fenêtre de l'hôtel pour aller s'écraser au milieu d'une foule fanatique qui glapit au moindre bruissement de rideau.

Deux Mick, Taylor et Jagger

Geste devenu poncif depuis, mais qui présentait alors les charmes de la nouveauté.

C'est le signe que le groupe est réveillé. Bobby Keys, le saxophoniste des Stones, apparaît à la fenêtre en kimono japonais, l'air plus ennuyé que jamais. Sur son visage, on peut lire les stigmates d'une nuit pareille à toutes les autres. Il vit la vie de ceux qui côtoient le succès. Encore un forcené des privilèges qu'on obtient dans le sillage des étoiles.

Keith Richards sort de l'hôtel torse nu, les cheveux iroquois, traînant une écharpe sanscrite en buvant au goulot d'une bouteille de bourbon.

Il n'a pas de chaussures et demande alentour si on peut avoir la gentillesse de lui dire où il est, dans quelle ville, quel jour.

Il s'allonge dans la limousine, on n'espérait plus que lui, le cortège peut démarrer. Bob et moi sommes dans une autre limo avec Mick en train de lire un roman de Gore Vidal. Les flics ouvrent le passage au milieu de la marée humaine qui se presse contre les vitres. Les visages aplatis laissent des traînées humides.

À l'aéroport, un Boeing privé nous attend pour rejoindre Philadelphie. La grande langue rouge d'Andy Warhol est peinte sur la carlingue, même l'avion semble flatté.

Toujours pieds nus, Keith pisse sur le tarmac avant de monter, talonné par le médecin de la tournée, un blondinet tout en shantung, qui le suit en permanence au cas où il mollirait.

Dans l'avion, les sièges avant ont été retirés pour que le groupe puisse jouer au craps. Il y a un grand buffet encore sous cellophane, et le matériel du cinéaste Robert Frank qui réalise un film sur la tournée.

À l'avant, Bob parle avec une jeune beauté blonde plongée dans la lecture d'un livre de Tchekhov.

L'hôtesse tente une fois de plus de dire le texte habituel précédant le décollage. Personne n'écoute, sauf Bobby Keys qui lui lance un « Va te faire foutre ! » des plus discourtois. Et l'avion s'envole d'un soleil à l'autre.

Un moment plus tard, je secoue Bob un peu somnolent.

« Viens voir ta fiancée... »

À l'arrière de l'avion, la petite lectrice de Tchekhov est en train de se faire allègrement sauter par le médecin. On ne voit que les fesses de ce dernier qui remuent sur une banquette arrière.

L'ex-pucelle est enfouie sous la masse omnipraticienne, seule dépasse sa main qui bat la mesure en tenant le livre. Tchekhov swingue.

Pour donner du piquant à la scène, Robert Frank a collé un sticker « Rolling Stones Special Guest » sur le fessier du médecin, c'est du plus bel effet.

Arrivés à New York, on va directement au Statler Hilton en face du Madison Square Garden. Dans le hall, tout date des années 50, même l'odeur.

On retrouve la lectrice de Tchekhov, qui nous saute dessus. Elle veut à tout prix un badge pour le concert du soir. Celle-là, je sens qu'on va avoir du mal à s'en débarrasser. Elle nous suit jusqu'à la chambre.

Il est clair qu'elle est prête à tout, mais, en ce qui me concerne, la colonie de spermatozoïdes qui danse encore dans ses entrailles lui confère le sex-appeal d'une tête de veau. Dans une suite anciennement moderne que l'on dirait conçue pour Spencer Tracy, on roule des joints en écoutant Diana Shore à la radio.

Les horaires de la tournée, mêlés aux volutes cannabiques, commencent à nous taper sur le système ; avachis, les Gaulois.

Le soir tombe. Par la fenêtre sale de l'hôtel, on peut voir la foule qui s'exaspère en bas.

La porte de la salle de bains s'ouvre sur la blonde interrompant ses ablutions. On l'avait un peu oubliée. Elle est là, au milieu de la pièce, complètement nue, et nous lance : « Il n'y a pas de papier-toilette ! »

Devant notre évidente mollesse, elle prend la Bible dans le tiroir de la table de chevet, arrache quelques pages et repart en fermant la porte. Je pense au client suivant, qui se perdra en conjectures pour comprendre où est passée l'Apocalypse, chapitre 1, verset 3. (*Heureux celui qui lit, et ceux qui écoutent les paroles de la prophétie et gardent ce qui s'y trouve écrit, car le temps est proche.*)

Avec Bob, nous essayons de visualiser le parcours des Dix Commandements dans les tuyaux de l'hôtel. Plus tard, les saintes pages maculées croiseront des caïmans dans les égouts de New York, et puis, au bout, la mer.

Dans le hall, des portiers défraîchis tentent de préserver une atmosphère feutrée pour les clients terrorisés par l'atmosphère de révolution qui règne au-dehors.

La naïade tchekhovienne nous a suivis, elle se traîne au sol en s'agrippant à mon pantalon.

Dehors, il y a une foule hétéroclite massée devant le Madison Square Garden. Un orage éclate. Vision d'apocalypse.

Des policiers à cheval émergent d'une marée de Hell's Angels déçus par la vie, de hippies trop joyeux, de tatoués en tout genre et autres femelles accoutrées de lambeaux du dernier chic.

C'est comme une photographie de toutes les envies d'une jeunesse américaine qui sait qu'elle a raison. Les cavaliers empêtrés dans la meute cherchent à faire bonne figure, dignes représentants d'un passé qui n'a plus cours, valeureux garants d'un ordre impossible. Au milieu de milliers de clones des Stones on ne peut plus nerveux, il y a quelques fanatiques brandissant une pancarte avec la langue tirée de Warhol. Ils se sentent héroïques, derrière eux le ciel flamboie, on dirait la fameuse image des G. I's en train de hisser le drapeau étoilé à Iwo Jima.

À cet instant précis, je ressens que je ne suis pas le seul à avoir l'impression de vivre des moments extraordinaires. Toute cette jeunesse est consciente de bousculer les règles d'une Amérique endormie.

Sauf les policiers bien sûr, eux préféreraient être tranquillement chez eux à regarder *Star Trek*. Ils ont du mal à retenir leurs montures dans ce décor de Babylone moderne.

Une Marie-Antoinette, tous frisottis dehors, se trémousse au son d'un tam-tam frappé maladroitement par un spadassin d'un autre siècle. Ceux-là se croient à Marrakech, ils se sont trompés de film.

En bas de la rampe menant aux coulisses, un flic en ciré jaune allume une Marlboro, appuyé contre son cheval, en maudissant les zazous d'en haut. Sa matraque le démange. « Tout ça pour des Anglais ! Y a peut-être mon fils là-dedans, il ne jure plus que par eux, et moi, je ne comprends même pas ce qu'ils disent ! »

Le cheval promène ses naseaux contre les pneus d'un quinze tonnes siglé « Rolling Stones Tour », à la recherche d'un éventuel brin d'herbe qui pourrait lui rappeler son Wyoming natal. Il se demande vraiment ce qu'il fout là, le cheval. Les sabots qui dérapent sur des chaussées inhospitalières et rien d'autre à bouffer que des graines d'hypermarché. Sur le paquet, on voit un paysage de campagne verdoyant comme un mensonge. Il les aimait bien, les barrières blanches de l'enclos du pré.

Il en connaissait tous les recoins, se déplaçant au gré du soleil avec son ami le mustang, un type un peu prétentieux peut-être, toujours à le pousser, mais quelles rigolades. Maman va à droite, je vais à droite. Papa rue, je rue. L'herbe était disponible, changeant de couleur selon les moments.

Le crépuscule était son préféré, celui que les hommes appellent l'heure des fous. Ils sont fous, ces hommes ! « Tu verras la ville, c'est une chance », lui avait dit sa mère.

Même chez les chevaux, les parents mentent aux enfants.

Sur le pavé glissant de cette rue de New York, une ambulance arrive de l'aéroport et s'arrête sur la rampe dans un dérapage approximatif.

Des flics en sortent avec le médecin menotté et à poil sous un manteau de la police de la ville. La flicaille est perplexe, ils ont trouvé dans l'avion un type nu qui prétend être le médecin des Rolling Stones. Les musiciens lui avaient pris ses fringues pendant qu'il coïtait joyeusement.

Bob et moi, nous pénétrons dans les coulisses à l'instant où Bianca Jagger, la femme de Mick, fait son entrée. Elle est là pour l'anniversaire de son mari. Avec sa canne à pommeau d'argent, elle évolue comme une princesse qui possède les clés de la ville.

Être une femme d'artiste n'est pas une mince affaire, et je dois dire qu'elle fait ça très bien, distribuant les regards, offrant une main au tout New York qui se presse.

Elle est la même partout, la magie des coulisses.

Celles du théâtre de la Michodière où mon père, François Périer, jouait *Bobosse* et dans lesquelles je traînais mon enfance avaient le même mystère. Peuplées de gens étranges aux rires assurés qu'Yvonne Printemps recevait lorsque mon père sortait de scène.

Il s'essuyait le front dans sa robe de chambre à rayures en échangeant des mots avec Pierre Fresnay. Marcel Herrand taquinait Jany Holt, Pierre Brasseur éructait pendant que José Artur réservait « chez Lipp » pour le souper du soir.

Lipp. J'étais très impressionné par M. Caze, le patron de ce restaurant, joyau parisien du cœur de Saint-Germain-des-Prés.

D'abord, pour y pénétrer, il fallait passer par cette douane invisible qu'il avait instaurée. Comme tous les jours de sa vie, M. Caze restait au pied de l'escalier, faisant face à la porte, l'œil fixé sur le tourniquet, un petit carnet à la main, l'air aimable ou impassible, selon la personnalité de celui qui entrait. Dès que vous étiez à moins de deux mètres, il plongeait le nez dans son carnet, à seule fin de vérifier son plan de table. Plan établi selon un savant mélange d'hommes politiques, d'artistes, de financiers, et aussi de personnes dont la tête lui revenait. Il y avait là tout l'éventail du petit théâtre des farces humaines.

J'ai vu des gens se croyant très élégants refusés par M. Caze, alors que toutes les tables étaient vides.

Elles paraissaient vides ; en réalité, elles étaient déjà virtuellement remplies d'un monde dont ils ne feraient jamais partie.

Plus ils insistaient, plus ils perdaient toute chance d'être un jour admis.

Il y avait le faux mondain qui voulait épater une gamine, furieux d'être refusé, et qui disait dans un sourire qu'il espérait complice qu'il reviendrait dans une heure, sachant très bien qu'il n'oserait jamais. Et cet autre, timide, qui entrait presque à reculons et n'en revenait pas d'être aussitôt accepté.

Il y avait la salle du haut pour les étrangers venant de loin et que, par courtoisie, le patron ne voulait pas refuser.

On y voyait du beau monde, des « figures », des gens intelligents et d'autres qui l'étaient moins mais qui s'en donnaient l'air.

Mon père, le connaissant bien, lui demanda un soir la permission de regarder comment il ordonnait sa salle dans son mystérieux carnet. M. Caze, en souriant sous sa moustache, le lui montra discrètement. Naturellement, toutes les pages étaient blanches. Son plan de table était dans sa tête et dépendait avant tout de l'humeur du moment.

Un soir, après le théâtre, j'étais venu dîner avec mon père et Pierre Brasseur. Falstaff des temps modernes, aussi passionné que passionnant, ce dernier était connu sur la place tant pour ses frasques que pour sa générosité. Il ne faillit donc pas à la règle et but plus que de raison. Après qu'il eut cassé un ou deux miroirs, nous sortîmes dans la rue.

Là, un mendiant le reconnaît. Il vient vers lui, la main tendue. Brasseur sort alors de sa poche une énorme liasse de billets de banque, toute la recette de la soirée.

Tendant la liasse au mendiant, voilà qu'il se rétracte et, pointant vers l'homme un doigt vindicatif, il lui dit : « C'est pour boire, nous sommes d'accord ? Pas pour manger ! »

Le mendiant acquiesce avec une ferveur non dépourvue d'intérêt. Alors, Pierre Brasseur lui donne la liasse et s'éloigne dans la nuit.

C'est quand même une drôle d'idée de penser à Pierre Brasseur, Jany Holt ou Marcel Herrand dans les coulisses des Rolling Stones.

Bien sûr, à la Michodière, les murmures des spectateurs étaient différents, plus calmes, plus adultes, mais l'impression de privilège était semblable.

Respirer les coulisses, c'est pénétrer dans un secret.

Le lendemain, lorsque l'entrée des artistes ne redevient qu'une porte, il faut les voir, désertées, inutiles, quand les chats retrouvent leur territoire et que les murs se prennent à regretter les cris d'un triomphe qui ne leur appartient pas.

Seulement voilà, ce soir à New York, Mick Jagger a vingt-neuf ans.

De trois ans son aîné, je suis aussi surpris que lui d'être toujours là, moi qui pensais mourir avant l'âge de trente ans. J'avais déjà l'intense conviction que ce que je vivais depuis était en plus, un usurpateur oublié par la fatalité. Alors vous imaginez aujourd'hui, trente-deux ans de rab, c'est extravagant !

Le soir, devant l'hôtel San Regis, une foule de *happy few* se presse pour la party qui se donne au dernier étage.

Les valets du parking courent dans tous les sens sur le trottoir chauffé à blanc, bousculant les photographes dont les flashes illuminent l'événement. L'atmosphère électrique d'une soirée privée où tout le monde voudrait être, ça, New York sait le faire. Des limousines blanches longues comme un jour sans succès laissent entrevoir un intérieur capitonné de vison orné de mini-lustres Louis XIV. Des macs black en descendent, habillés de manteaux de fourrure style « Shaft ». Ils ont chacun la moitié d'un zoo sur les épaules.

Leurs sourires carnassiers étalent une langue pourpre entourée de dents d'acier sous des lunettes noires serties de diamants. Ils sont suivis comme il se doit par des panthères ébène en maillot de satin fluo sur semelles compensées.

C'est un feu d'artifice de coiffures afro surmontées de plumes d'Indien. Le mélange des genres frise le paroxysme.

Dans un coin de l'ascenseur, il y a Bob Dylan.

Je n'ose pas lui rappeler la tournée que j'avais faite avec lui en 1966 dans la campagne anglaise.

À l'époque, représentant à lui seul l'intelligence de la jeunesse du monde, il évoluait entouré de fumée pour échapper aux étudiants boutonneux et autres journalistes avides du moindre de ses mots. S'il disait : « Passez-moi le sel », les types notaient la phrase dans l'espoir d'y trouver plus tard un sens caché. Dylan, c'était le Jésus-Christ médiatique des campus. Toutes ses paroles se devaient d'être gravées dans la pierre.

Ça bourdonnait dur autour de lui, aussi, la plupart du temps, il se taisait. Mon anglais maladroit ne me rapprochait guère de lui. La seule fois qu'il m'adressa la parole, ce fut dans sa loge. Il s'inquiétait de sa prochaine tournée française, le public ne comprenant pas un mot de ce qu'il disait. C'était effectivement regrettable, puisqu'il est le premier Américain à avoir mis des paroles intelligentes sur des airs populaires. Tout chanteur débutant devrait lire ses textes avant d'écrire une ligne.

Puis il m'inonda de questions salaces sur ma liaison avec Françoise Hardy.

Je ne compris pourquoi que lorsque je réalisai que le cinéaste Pennebaker filmait en continu dans un coin de la pièce. Je n'étais donc que le prétexte à une scène du documentaire *Don't Look Back*.

Pendant qu'il jouait au ping-pong des idées en se riant de moi, je regardais sa silhouette d'oiseau écorché dans le reflet du miroir et, derrière lui, ma tête de *Frenchie* qu'on couperait au montage.

Une nuit, dans un hôtel du Sussex entouré de fans avachies, je descendis pour chercher de l'eau. Dans une grande

Bob Dylan

cuisine éclairée au néon, une dizaine de Pakistanais s'affairaient à la vaisselle. Et, assis à une table devant un café, il y avait Bob Dylan, seul enfin, perdu dans ses pensées. Ceux-là ne parlaient pas sa langue, ils ne guettaient pas ses phrases et ne le connaissaient même pas.

Ainsi, la seule fois que j'aurai vu Bob Dylan calme et détendu, c'est dans une cuisine d'hôtel au milieu de la nuit, entouré d'inconnus qui lui faisaient le cadeau d'ignorer sa présence. Je ne suis pas entré et je peux vous dire que l'eau des robinets dans les hôtels anglais a un goût très salé.

Mais ce soir, dans l'ascenseur du San Regis, le visage un peu gris, Bob Dylan a cent ans.

Quand on pénètre dans l'immense salle éclairée à la bougie, Mick et Bianca Jagger sont seuls à une table au premier rang devant l'orchestre de Count Basie, le pape du jazz band, qui joue *Happy Birthday*. Rien à dire. Dans le genre sophistiqué, on ne peut pas faire mieux.

Bob et moi nous retrouvons à une table avec Andy Warhol, Peter Beard et Truman Capote coiffé de son fameux panama blanc. Bianca arrive par-derrière et le lui bousille avec sa canne à pommeau d'argent. L'endroit est rempli de regards qui s'épient, sidérés d'être là sans vouloir le montrer.

De l'énorme gâteau d'anniversaire sort une beauté nue qui gigote du sacrum sans que personne y prête attention.

Un quart d'heure plus tard, Bob discute avec la fille toujours aussi déshabillée. Il lui parle en arabe, alors elle lui sourit jusqu'au rictus au cas où mon copain serait du genre *mogul*. On ne sait jamais.

J'interromps son discours, il est temps de reprendre la route, Dutronc va nous attendre.

À l'heure qu'il est, je n'ai pas encore fait une photo, mais c'est sans importance. On reviendra un autre jour.

D'aucuns pourraient me reprocher la légèreté d'avoir si peu photographié les gens que j'ai croisés. Il m'aurait suffi d'avoir un appareil autour du cou en permanence et je serais aujourd'hui en possession d'une incroyable collection de documents sur l'époque.

Mais je n'en ai aucun regret. Car le danger qui guette le photographe témoin de son temps, c'est qu'en voulant capter tous les moments qui passent il risque d'oublier de les vivre. À l'instar de ces parents qui, sur les plages, filment leurs enfants à longueur de journée au lieu de leur apprendre à jouer.

Belle phrase de fainéant..., dirait ma grand-mère.

Et pourtant c'est peut-être grâce à cette attitude que ce que j'obtenais des Beatles, Johnny ou Mick Jagger ne ressemblait à rien d'autre.

Ils étaient en confiance justement parce que je ne les traquais pas. J'aimais mieux les confidences ou les rires en leur compagnie qu'une image de plus.

Ce raisonnement ne m'a pas conduit à devenir le plus grand photographe du monde. C'est un choix. Quand on est un visiteur, on n'est jamais un grand de rien, mais on s'offre une belle vie.

Dans l'avion qui nous emmène à Denver pour rejoindre Jacques, ça fait un drôle d'effet de se retrouver dans la situation de voyageurs normaux.

Arrivés à l'hôtel, message de Dutronc : il ne viendra pas. On est déçus mais pas surpris, il est assez coutumier du fait.

On a donc huit jours à perdre avant de rejoindre Sylvie Vartan à Los Angeles. Glander sur les routes américaines étant notre passe-temps favori, on loue un monstre chez Avis et on s'en va.

Aujourd'hui, peut-être à cause des films, le désert américain n'étonne plus grand monde. Mais à l'époque, tout nous fascinait.

Bien sûr, si, des heures durant, le paysage était toujours le même, nous ne nous lassions pas de prendre en pleine face des bouffées d'hyperréalisme. On doublait des dragsters et des *dune buggies* dans un décor de planète des singes. Les camions jaune vif, les caravanes « airstream » en acier arrondi, les enseignes Pepsi nous faisaient faire des bonds.

Bob nous roulait des joints au son de *Cricklewood Green* des Ten Years After.

J'avais trente-deux ans, c'était le bonheur.

Arrivés à Pike Speak dans un motel des plus folkloriques, on enfile aussitôt les habits français emportés pour Dutronc.

Puisqu'il ne viendrait pas, autant qu'on rigole. Bourvil et Fernandel dans un paysage de John Ford. On s'assoit sur des rocking-chairs à l'extérieur du bar pendant qu'un orage éclate.

Au loin, devant les barrières d'un corral, des types se battent comme des chiens. On est tellement givrés qu'on pense que c'est un film.

Où sont les sous-titres ?

Un shérif freine, tous gyrophares dehors, faisant fuir les cogneurs. À lui tout seul, il représente un concentré spectaculaire des attitudes hollywoodiennes.

En se dirigeant vers le bar, il nous toise d'un sourire digne de Robert Mitchum. Il faut dire qu'avec nos bérets français on fait sérieusement tache.

En se penchant vers nous avec des lenteurs d'Actor's Studio, il nous dit :

« Si vous voulez mon avis, des types dans votre genre, vous ne devriez pas traîner par ici très longtemps un samedi soir. »

Et il pousse la porte d'un coup de pied.
Incontestablement, on est très loin de chez nous.

Au lever du jour, la voix nasillarde de Willie Nelson nous accompagne à la radio sur la route droite et nue traversant le désert à perte de vue.

À midi, sous un soleil de plomb, on voit une immense botte de cow-boy qui se détache sur le ciel. C'est un magasin, seul, au milieu de nulle part.

À l'intérieur, entouré de milliers de bottes de toutes sortes, il y a un vieillard très souriant ravi de rencontrer des Français. C'est qu'il connaît bien le pays, il avait fait les Ardennes en 1943.

Pendant que je lui achète des Justins à talons mexicains en poussière d'or, il nous raconte le temps où, coincé dans les montagnes enneigées, il attendait les renforts au milieu de ses camarades morts. Entendant que des Allemands arrivent, il redescend dans son char. Et là, que voit-il ? Sa tante Emma en train de cuisiner une tarte aux mûres et son grand-père qui lui fait un petit signe de la main.

On se regarde avec Bob. Apparemment, il déraille. On n'ose pas le contredire, après tout il était venu pour nous sauver.

Sa femme, une Coréenne toute en rides, entre dans la pièce en tenant par la main un petit Chinois de dix ans vêtu d'une salopette de jean qu'on dirait esquissée par Andrew Whyatt.

Le môme tient absolument à nous montrer quelque chose derrière le magasin. Il nous emmène dans un minuscule jardin, un havre de paix verdoyant inventé au milieu des roches rouges. Sur une balancelle décrépite, il y a une cible en bois.

L'enfant prend un énorme couteau et nous gratifie d'un sourire orné de dents gâtées. Puis il lance le couteau dans le milieu de la cible en riant d'une voix éraillée. Bob sort de sa sacoche la boule du Sacré-Cœur que Dutronc n'utilisera pas et il la donne au môme.

Pendant que l'on démarre, le couple de vieux nous regarde partir.

Au loin, le gosse joue de l'harmonica en souriant au Sacré-Cœur qui brille sous la neige. Il nous fait des signes, petite silhouette qui se détache sur un ciel couleur poitrine de colombe poignardée. On la quitte à regret, cette famille improbable.

Your Song chante Elton John tandis qu'on roule vers le soleil couchant, croisant les lapins qui gambadent sur les terres noires de Lake Mead.

Je l'aimais bien, l'Amérique de ces années-là.

Lorsqu'on retrouve Sylvie Vartan à Los Angeles, elle sirote des *orange crushes* avec une copine au bord de la piscine de son immeuble de Doheny Drive. Elle n'a qu'une seule idée en tête : qu'on aille à Las Vegas voir Elvis Presley.

Las Vegas, un désert au milieu du désert.

La salle du Sands est remplie de gens de tous âges habillés en Elvis, même les enfants. La vision est des plus surréalistes.

Avec Sylvie, nous sommes pourtant au centre de nos rêves. On va voir chanter ce type qui nous a tant fait fantasmer… Or, dans ce décor de Folies-Bergère, tout a l'air faux. Sous un ciel de pacotille étoilé, des angelots mal finis soutiennent des colonnes en stuc.

Enfin, le King arrive sur scène en costume blanc clouté surmonté d'un grand col d'où émerge sa tête comme une tulipe noire. Déception, c'est un gros poussah au faciès enflé par des années de sucreries.

Il a bien douze kilos de turquoises autour de la taille. Voilà donc celui qui, avec James Dean, avait inventé l'adolescence. Si je suis là aujourd'hui, c'est un peu grâce à lui.

Pendant si longtemps, il a hanté mes nuits de petit-bourgeois de Neuilly, me laissant entrevoir un Ailleurs qui ne me quitterait jamais. Mais, dans cette carcasse essoufflée, j'ai peine à retrouver le rebelle au sourire chromé de *Jailhouse Rock*.

Il y a le regard, bien sûr, qui semble supplier son corps de redevenir léger, comme avant qu'il devienne une icône.

Il tente une ou deux fois un de ses célèbres mouvements de hanches d'un air plus que lassé en jetant des peluches de Snoopy sur les coiffures crêpées d'un parterre de fans dans la cinquantaine.

Je m'amuse en songeant qu'à une époque, grâce à la musique, j'ai dû partager le même rêve que ces dames aux ambitieuses toisons.

Sylvie/Elvis

Pourtant, nous n'avions rien en commun, mais une chanson ne connaît ni les frontières ni les classes sociales, elle s'installe quelque part dans un coin du cerveau pour ne plus en bouger, comme un petit caillou blanc assis sur les souvenirs.

Je repense à mon voyage avec Claude François, pour lequel fouler le sol de Las Vegas était l'aboutissement d'une vie, et à ses cris de joie devant l'affiche de Frank Sinatra.

Quant à moi, de cette ville, je ne garde que l'image de petits matins glauques avec ses néons sales éteints sur fond de ciel délavé et puis les entraîneuses au maquillage dégoulinant quand elles rentrent vite chez elles avant que le soleil du matin les éblouisse, pressant le pas sur les tapis rouges des casinos dont les néons prétentieux narguent le bleu des nuits.

Si vous voulez vraiment vous passionner pour l'Amérique, débrouillez-vous pour avoir quinze ans et allez voir un film d'Elia Kazan ou d'Arthur Penn. Vous râlerez de n'être que français. Vous fantasmerez sur ces lendemains qui déjà nous grignotent.

L'Amérique, c'est comme le mariage. Le vrai joli moment, c'est la déclaration.

1958, j'avais dix-huit ans.

Salaud, tu baises ta sœur !

Septembre 1958

Faire jeune quand on est vieux présente plutôt des avantages, mais, à dix-huit ans, ça frise le cauchemar. « Oh ! comme il est mignon ! », c'était la phrase systématique que les jeunes personnes du sexe m'envoyaient au visage. J'y eus droit jusqu'à l'âge de vingt ans, généralement accompagnée du sourire niais de perruches rassurées par ma physionomie.

Inoffensif comme j'étais, elles me serraient bien fort dans les surboums. Transformé en bouclier contre les turpitudes des boutonneux, c'était mon lot.

Pourtant, j'étais si fier de travailler alors qu'elles étaient encore en classe. Pourquoi ne voyaient-elles pas que je vivais déjà comme une grande personne ? Dieu merci, il y avait les photographes de *Paris-Match*, ces aventuriers des temps modernes qui m'acceptaient à leur table à La Belle Ferronnière. Situé à côté des locaux du journal, au coin des rues Pierre-Charron et François-Ier, ce bar en bois sombre était mon seul accès à l'univers hors du commun des gens de la rédaction.

À dix-huit ans, sur la photo de ma carte de presse au drapeau tricolore siglée *Jazz Magazine*, j'en paraissais dix, et le bureau du patron, Jean Prouvost, ceux de Roger Thérond et d'André Lacaze, les rédacteurs en chef, même celui des photographes m'impressionnaient.

Pour eux, je n'étais que l'assistant de Daniel Filipacchi, et mon admiration pour ces types, toujours la cigarette au bec, un téléphone collé à l'oreille et les pieds sur la table, me conduisait à pénétrer dans cette pièce comme un cancre un jour d'examen de passage.

Ils racontaient leurs « coups », leurs voyages, leurs audaces.

Rieurs impertinents, dépensant des fortunes pour une photo volée, bravant gaiement les lois de la morale, leurs insolences n'avaient pas de frontières. Mais, à La Belle Ferronnière, j'étais leur mascotte, et ils étaient mon passeport pour la maturité.

Pendant des heures, je les écoutais narrer leurs aventures féminines en évitant bien de croiser les regards, de peur que l'on ne me posât la question qui tue : « Et toi ? » Moi, j'étais vierge comme le tunnel sous la Manche, et je piochais dans leurs discours les éléments mystérieux du puzzle que représentait le corps d'une femme.

À l'âge de seize ans, mon seul début d'aventure a été réduit à néant par un mot somme toute anodin : jouir. Anodin, peut-être pas, mais disons inoffensif.

Il y avait aux Champs-Élysées un « Cinéac », ainsi désigné à cause de la petite taille de la salle, jouxtant le Marignan. Il offrait l'avantage d'être à demi-tarif. J'y allais toutes les semaines, bien qu'il présentât l'inconvénient majeur d'être le terrain de chasse privilégié des homosexuels du quartier.

Ça ne ratait jamais.

Dès que la salle s'éteignait, un type venait s'asseoir à côté de moi. Toujours un différent. Il posait sur ses genoux un imperméable et, pas plus tard qu'aux actualités, j'y avais droit : une main glissait sur ma jambe.

Je devais donc changer de place en jetant un regard noir à l'énergumène congestionné au profil luisant et aux joues tremblotantes d'excitation déçue. J'ignorais ce qu'ils me voulaient.

Ils me faisaient très peur depuis qu'un ami de classe m'avait mis dans le secret. « Mon papa m'a dit : ce sont des pédérastes. Du grec *pedos rastos* : qui aime les enfants. Ce sont des SATYRES ! » Je m'imaginais, malaxé puis ingurgité par des hommes-chèvres habités de fournaises inconnues.

Au bout de quelques semaines, j'avais trouvé la parade.

Le volailler du coin de la rue du Bois-de-Boulogne m'avait gentiment donné une patte de poulet. « C'est pour la dessiner », lui avais-je dit en arborant mon expression la plus studieuse.

Dans la salle du Cinéac, un solitaire vint comme d'habitude s'asseoir en pliant soigneusement son loden. Je le laissai faire son petit manège, et de la manche de ma veste je fis innocemment dépasser la patte crochue en la mettant doucement sur sa main. Je me souviens du cri qu'il poussa, je crois qu'il court encore.

Un jour, miracle, une jeune femme vient se placer à mes côtés.

Elle était belle, c'était une jeune actrice dont je tairai le nom.

J'accueillis sa main, le cœur battant. Ensuite, elle m'offrit un verre.

Deux heures plus tard, j'étais chez elle. C'était la chance de ma vie, elle était très gentille et, en m'abandonnant, j'aurais d'un seul coup résolu tous mes problèmes.

Hélas, n'imaginant pas le degré de mon inexpérience, elle se déshabilla trop vite.

Toutes ces informations visuelles en un temps si court, c'était trop.

Je regardais son corps, au demeurant ravissant, comme la carte marine d'un lointain archipel. J'étais là, bouche ouverte, je devais avoir l'air d'un turbot. Lorsqu'elle entreprit de déboutonner ma chemise, elle me susurra à l'oreille : « Oh ! toi, tu vas me faire jouir… »

Je n'avais absolument aucune idée de ce qu'elle voulait dire.

Jouir, ce mot me terrifia, j'en ignorais les douceurs, cela sonnait plutôt comme une opération chirurgicale aux contours mystérieux.

Je partis en courant sans me soucier de sa déconvenue. Si je la revois un jour, je lui demanderai pardon.

En attendant, à La Belle Ferronnière, je m'évertuais à faire illusion.

Un soir d'automne, j'étais attablé avec Bernard et Lucien, deux photographes de *Match*, et un journaliste d'un grand quotidien, un aventurier au visage de fouine. Ils venaient de rentrer d'une guerre lointaine et décidèrent de fêter ça illico.

« Et maintenant, on va aux putes ! » déclarent-ils en me prenant par le bras, comme si ma participation coulait de source.

Place de l'Étoile, on « monte » une fille, direction l'hôtel Magda, rue Troyon, celui dans lequel j'accompagnerai Claude François quelques années plus tard.

Rien que le parfum de cette vaillante gourgandine me glace d'inconnu. Pour mes camarades de bordée, il tombe sous le sens que je suis des leurs.

Lucien et Bernard passant en premier, je me retrouve seul avec la fouine dans un petit salon capitonné comme une boîte de bonbons. Il se penche vers moi en allumant une gitane maïs et me dit, de sa voix de baroudeur :

« Tu me laisses faire d'abord. Au bout de dix minutes, tu viens près de nous et tu me cries texto : "Salaud, tu baises ta sœur !" Et tu repars dans le cabinet de toilette. Après, ça sera ton tour. »

Il me fait répéter la phrase plusieurs fois et lorsque nos deux compères redescendent, l'œil égrillard et le rouge aux joues, je suis la fouine dans l'escalier comme si j'allais à l'échafaud.

Dans la chambre, des odeurs variées m'agressent pendant que la fille finit de se rhabiller. Elle nous fait la totale, c'est une scrupuleuse.

Un petit rideau de plastique tient lieu de cloison au cabinet de toilette.

À côté de l'évier éclairé au néon, il y a une accueillante pancarte où il est spécifié : « On est prié de ne s'essuyer que les mains avec la serviette. » Je patiente là en regardant mon visage pâlichon dans le miroir moucheté. Au bout d'un moment, je glisse un œil dans la chambre. Le spectacle est aussi appétissant que l'arrière-salle d'une boucherie chevaline. Un salmigondis de jambes et de fesses dans une géométrie illisible.

De cette masse blafarde apparaît le visage rougeâtre de l'homme qui me lance un « Alors ? » à la limite du désespoir.

C'est donc à moi de jouer, j'avance timidement dans la pièce en croisant le regard fatigué de la dame. L'homme cesse tout mouvement intempestif en attendant la phrase magique. Et, naturellement, de ma voix fluette je lui susurre, la honte au front :

« Salaud, tu baises ma sœur ! »

C'est un des plus beaux « merde ! » que j'aie entendus de ma vie.

Si l'évocation de sa sœur l'envolait vers l'extase, la mienne trucidait pour de bon ses ardeurs de mâle. Ignorant que j'étais des détresses d'une verge en déclin, ses circonvolutions pour atteindre le nirvana m'étaient très étrangères.

Il s'allonge sur le côté en m'injuriant, je ne suis qu'un incapable doublé d'un mauvais camarade ! En allumant une autre maïs, il me laisse la place.

Je déclinai l'invitation, prétextant une migraine. C'est ainsi que je restai puceau jusqu'à l'âge de vingt ans.

Françoise Hardy

Perdre Françoise...

Septembre 1962, puis juillet 1966

Jacques Wolfsohn, le directeur artistique des disques Vogue, était un homme petit de taille mais grand par l'imagination. Pygmalion des sixties, il était doté d'un sens aigu de la contradiction. S'il faisait beau, il vous disait qu'il pleuvait, et croyez-moi, il pleuvait ! Dans son bureau de la rue d'Hauteville, il recevait parfois les chanteurs dans un sauna portatif, duquel seule sa tête dépassait. L'artiste en question avait intérêt à démontrer ses talents à une vitesse éclair, sans quoi sa main droite émergeait fumante de vapeur. Il saisissait alors un revolver et tirait au plafond pour qu'un de ses assistants, en l'occurrence le dénommé Hadi Kalafate et un certain Jacques Dutronc, reconduise le postulant vers la porte de sortie.

De ses yeux bleus perçants, Wolfsohn jugeait vite et il jaugeait bien.

Il m'avait pratiquement intimé l'ordre de rencontrer sa nouvelle trouvaille, une jeune chanteuse du nom de Françoise Hardy.

Je donnerais cher pour revoir ces premiers moments.

Au départ, avec Françoise, tout nous séparait. Bien que dans la même ville, nous vivions sur des planètes séparées.

Je venais de Neuilly, je connaissais la terre entière. Elle était de Paris mais ne voyait personne.

Mon enfance avait été luxueuse et fantaisiste, la sienne faite de prudence et d'économie imposée.

Elle n'avait d'autre choix que d'inventer seule son existence, alors qu'il me suffisait de me faire un prénom. Son parcours, comme celui de Sheila, Claude François ou Eddy Mitchell, m'a toujours inspiré autant d'estime que d'admiration. Exister à Paris quand on vient de nulle part n'est pas chose simple, même lorsqu'on y vit.

Je l'aimai tout de suite et pour toujours puisqu'elle était la plus belle « chose » que j'avais jamais vue. Aussi loin que je me souvienne, Françoise s'est toujours tenu droite, traversant les foules de son regard faussement candide, perdue dans des pensées plus ou moins tristes, drôles parfois, mais qui surtout ne ressemblaient qu'à elle. Aimant à s'oublier d'une passion à l'autre, à l'affût du moindre emballement, l'esprit gentiment accoudé à un zeste de perversité dont son imprudente franchise nous faisait parfois cadeau.

Dans le désordre de ma mémoire, il me reste peu de détails, à part l'étonnement d'avoir frôlé sa main, une nuit, dans ma voiture en écoutant *Hurt* chanté par Timi Yuro. Il y eut bien sûr quelques regards croisés, des moments sans paroles, une muette attirance qui nous menait l'un vers l'autre sans le savoir encore.

Puis il y eut ce dîner à Marseille où je l'avais rejointe dans sa tournée d'hiver.

Et cet instant étrange que personne ne dirige où je l'accompagnai dans le grand hall de l'hôtel de Noailles jusqu'à la porte de l'ascenseur.

Nous nous sommes dit bonsoir et j'ai ouvert la porte. Elle est entrée sans dire un mot et moi, je l'ai suivie comme un somnambule.

L'ascenseur est monté et sans rien décider, sans geste ni formule, c'était fait, nous étions « ensemble ».

Elle avait dix-huit ans, j'en avais vingt-deux, et nos réserves adolescentes n'avaient pas disparu.

Me retrouver le fiancé de « l'Excellente » me conférait une aura usurpée qui faisait des jaloux. Je ne m'en rendais pas compte jusqu'à ce jour où, dans les coulisses de l'Olympia, j'étais en train de la regarder chanter.

Ce temple du music-hall, déplacé depuis peu de quelques mètres par de méchants promoteurs, ne sera plus jamais le même. Bien sûr, on a tenté de lui rendre l'aspect vieillot de ses années de gloire, mais en vain. Le plus roué des architectes ne restituera jamais une âme disparue.

Mes points de chute dans ce pâté de maisons étaient au nombre de trois. Avant le spectacle, j'allais au Bar Romain, rue de Caumartin. C'était toujours bondé de gens de la chanson et les places étaient chères pour poser son derrière sur les sièges en moleskine bordeaux.

Ensuite, dans la salle de spectacle, j'aimais à me mettre dans les loges en haut à gauche, celles dont les cloisons en arc de cercle protégeaient mes amis vedettes des regards indiscrets. Après le tour de chant, j'échangeais des tapes amicales avec les machinos du lieu en croisant Bruno Coquatrix dans les coulisses.

Et en passant devant les loges, au fond, il y avait les coulisses des coulisses, le bar de Marilyn, le club le plus fermé de Paris. J'en ai vu du beau monde dans ce petit carré, de l'artiste en tout genre, des petits et des grands, des vrais et des moins vrais, tout un zoo, je vous jure. J'y suis retourné récemment. Les murs y sont reconstitués en trompe-l'œil photographique, on se croirait au musée Grévin. Moi qui crains les coups de vieux, j'ai pris trente ans d'un coup.

Pour l'heure, c'est donc Françoise qui occupe la scène. Son profil sage, ses longs cheveux valsant au rythme de ses phrases, son sourire soulagé à la fin des chansons. L'impudeur de la scène engendrait un malaise qu'elle cachait par un léger mouvement du pied gauche, lequel représentait, du reste, le point culminant de son jeu de scène, un peu l'équivalent de la course de chars dans *Ben Hur*, si vous voulez. Non, Françoise n'était pas James Brown, mais son impact sur les foules était troublant à voir. Fragile et déterminée, elle fascinait son monde ; quant à moi, je ne pouvais la quitter des yeux.

Un photographe qui traînait par là se penche alors vers mon oreille et me susurre, d'un ton fielleux : « Elle est pas mal, ta combine ! »

Ma combine, cette merveille ! C'est donc ainsi qu'il voyait la chose… Je restai glacé d'effroi. La vulgarité de ce cuistre me poussa à retenir ma respiration, partager le même air me semblait une concession malsaine.

Les images me reviennent et les regrets aussi, rencontrer la beauté est chose tellement rare… Toutefois, par égard pour Jacques Dutronc et pour leur fils Thomas, je ne m'étendrai pas sur ces quatre années de chemin partagé. Pour résumer, disons que, malgré mon inconstance, Françoise reste le plus beau des souvenirs.

Mais ai-je jamais rien compris à mes histoires d'amour ?

Je connais bien les affres des débuts ou les émois complaisants qui accompagnent la fin inexorable de la passion de

Françoise dans sa loge de l'Olympia.

l'autre. Cependant, la période intense de la vie en commun, le temps de vivre en face, le labeur quotidien du maintien des sentiments me laissent comme un manchot impuissant à étreindre le moment présent. « Pourquoi n'es-tu pas là quand tu es dans la pièce ? » est la phrase que j'aurai le plus entendue. Les femmes de ma vie (expression stupide entre toutes attendu qu'elles le sont chaque fois) n'ont jamais pu comprendre que lorsque je pensais à elle, c'était pour le projet du mois suivant, du jour d'après, de la seconde à venir, ou pour le regret des instants passés. Les souvenirs d'hier me comblent, les élans de demain m'enchantent, l'aujourd'hui me désarme.

En plus, Françoise n'était pas qu'une femme, elle était aussi une image appartenant à l'univers des gens, un piège infernal pour un rêveur dans mon genre. Une fois encore, j'étais en visite, je me regardais vivre comme s'il s'agissait d'un autre, et c'est presque sans surprise que je laissai dériver cette merveilleuse aventure comme un voilier sans boussole.

Nos vies tourmentées nous menaient chacun à l'autre bout de la planète, nos absences nous séparaient et, bien que j'en fusse le premier fautif, je n'arrivais pas à envisager la fin de l'histoire.

Quand je me tourne vers le passé, l'importance de Françoise dans mon parcours est inimaginable. Tout ce qui m'est venu d'elle est béni. C'est elle qui, en 1963, m'a montré du doigt Mick Jagger alors qu'il était inconnu. Plus tard, étant emballée par Stockhausen, elle nous avait réunis. Surprenante de rigueur germanique, la personnalité de ce musicien moderniste m'avait plus intéressé que sa musique. Lancez un lutin sous acide dans une batterie de cuisine et vous aurez une idée approchante de son œuvre. Cependant, l'homme et son discours étaient impressionnants.

C'est également grâce à elle que je rencontrai Dutronc, devenu depuis un des piliers de ma famille.

Et, récemment, elle m'éclaira sur Hélène Grimaud, la pianiste classique déjà virtuose à l'âge de quinze ans, une sorte d'ovni, fille naturelle de Jeanne d'Arc et de Miles Davis, dotée du cerveau de Mermoz et du regard du dalaï-lama.

Françoise est une magicienne pour quiconque a le privilège de la connaître.

Dieu sait si, dans ma vie, j'ai croisé des milliers de personnes, mais j'en ai « rencontré » très peu. Seulement celles-là, et c'est peut-être la plus belle de mes chances, je les aime pour toujours.

Mais en 1966, de retour à Paris, j'apprends que Françoise s'était rendue en Espagne, à Cadaqués, ville dont le souvenir m'était pénible à cause d'un week-end passé ensemble en compagnie de Salvador Dalí. Intéressé qu'il était, sans doute, par sa beauté plastique, ce pervers au génie démonstratif m'avait pris en grippe dès la première seconde.

Le sentiment de gêner m'étant insupportable, je gardais de ce lieu une impression désagréable.

Qu'allait-elle faire seule en Espagne ? Je savais que son regard avait déjà croisé celui d'un acteur anglais, et qu'autant par nature que par éducation son cœur était fidèle, mais la brèche était ouverte. À son corps défendant, elle était disponible, ce n'était qu'une question de temps. Or j'étais aussi incapable de la perdre que de la garder.

Et me voilà parti dans les chimères les plus folles.

Je l'imaginais sur une terrasse baignée de soleil en compagnie d'un matador flamboyant posant sur sa main blanche une paume durcie par des années d'empoignades taurines, un conquistador au visage buriné par le soleil des arènes, les yeux bleu pastel lassés par les sourires masqués d'éventails fiévreux. Un mélange de péplum et de sitcom emmiellée. J'étais prêt à tous les duels et je me préparais déjà à souffleter l'intrus, le terrassant d'un pied vengeur, conforté par la mémoire de dizaines de taureaux reconnaissants. Étêté comme un turbot, je le voyais. Viens là, Dominguin, que je t'estoque !

Je sautai dans un avion, la cervelle en proie à toutes les guerres.

C'est un fou qui met le pied sur la terre d'Espagne, et, quand je me précipite dans l'hôtel de son choix, Françoise est bien sur une terrasse inondée de lumière. Effectivement, elle n'est pas seule.

Assise aux côtés d'une nurse, elle est penchée vers une petite chose fragile, un enfant au visage transparent. Nullement surprise par mon intrusion, Françoise me le présente.

Il s'appelle Quentin, il a quinze ans et en paraît onze. Atteint d'une maladie incurable, il lui reste peu de temps.

Touchée par son pâle sourire, Françoise est venue lui rendre une visite qui risque d'être la dernière. L'enfant est content, il admire ses chansons.

Et moi, je suis là comme un imbécile, encombré de mon glaive illusoire, plein de phrases stériles qui me restent dedans. Quentin ne comprend pas mon silence ; empêtré dans ce corps désormais impuissant, il n'est plus que des yeux qui cherchent à travers moi. Déjà plus loin, déjà ailleurs, déjà demain. On lui voit l'âme, au petit. Je sens bien que Françoise attend au moins un geste, que je le fasse rire, que je comble un moment, moi qui ai tant d'idées pour les choses inutiles.

Mais je reste confus, anéanti par la futilité de chimères romanesques qui ne sont pas de mise, désarçonné par le regard suspendu d'un gamin en partance. C'est peut-être ce jour-là que j'ai perdu Françoise. À force de la rêver, je m'étais égaré.

Pour faire diversion, je me tourne aussitôt vers ce que je sais faire : une photographie. Un souvenir pour lui.

J'ai revu cette image.

Elle est assise près de Quentin et ses longs cheveux blonds paraissent sombres auprès de la peau diaphane du petit garçon. Il me fixe en adulte, sans vraiment me juger, presque à regret, comme s'il savait déjà que je ne mérite pas cette jeune femme qui ne m'est infidèle qu'à cause d'un enfant qui va mourir.

Et puis vint le jour où Françoise et moi nous éloignâmes l'un de l'autre, sans séparation, sans colère, sans éclats.

Ses vêtements trônaient toujours dans ma penderie. Ses photos sur les murs, son parfum dans la salle de bains. Je n'avais plus la femme, mais je gardais l'image.

On ne s'est pas quittés, on s'est lâché la main. Une tournée de plus et le tour était joué.

Une tendresse impalpable s'installa pour ne plus en bouger. Quarante ans plus tard, elle est intacte.

Il est étrange, le temps qui suit une séparation, on passe de la déprime la plus totale au vol plané de la solitude. L'ivresse d'une liberté dont on ne sait que faire. Chaque minute compte.

À moi les boîtes de nuit.

Castel, le Whisky à gogo, Régine.

Le twist, le madison, le hully-gully, j'enchaînais toutes les danses, j'étais le roi de la piste, et de claquer grandiose jusqu'au petit matin.

Vêtements froissés, tête lourde et puis les bras en croix dans le grand lit très vide, avec trop d'oreillers pour se sentir bien seul, comme un con disponible. Où est-elle à cette heure ?

C'est drôle un moment, de vivre comme quelqu'un d'autre, d'être un homme, un vrai, et de faire un tour du côté de la stupidité érectile des chasseurs d'aventures. J'étais rempli de phrases idiotes et définitives du genre : « Celles qu'on baise, elles voudraient qu'on les aime. Celles qu'on aime, elles voudraient qu'on les baise ! »

Pensées stupides, je le sais, mais le désarroi me poussait à les avoir vraiment.

Ce n'est pas tant la solitude qui me pesait que l'intime certitude que toute journée passée sans « re-séduire » quelqu'un est une journée morte.

Dans la rue, je regardais les femmes comme si elles étaient miennes, éventuelles, possibles. L'impression enivrante de les avoir toutes à ma main.

Hélas, je n'en voulais aucune. Je n'ai jamais compris les hommes qui déclarent : « J'aime les femmes. » Ce n'est pas un troupeau. Moi, en général, je ne les aime pas plus que les hommes.

J'en aime une à la fois, et encore, rarement.

On ne rencontre pas Françoise Hardy tous les jours, mais, me disais-je, on peut faire avec moins. Je n'ai qu'à me trouver une gentille, peut-être pas une adepte de l'épaulé-jeté du bulbe… une érotomane assidue fera l'affaire. Alors j'improvise des fêtes, je me donne le beau rôle, les « Mademoiselles Âge tendre » se suivent et se ressemblent.

Pour atteindre la loggia de mon appartement, il y a un escalier bien raide. Je n'ai qu'à lever les yeux et, sous les jupettes, c'est comme sur le menu d'un restaurant. Tout est écrit, on peut choisir. Je mets la musique très fort pour éviter les phrases. Tout est drôle au début.

On s'enroule, on s'envole un peu, mais il arrive toujours le temps du silence. Meubler, soit, mais où sont passés les mots ?

Un œil sur la montre, l'autre sur la borne du taxi en bas dans la rue du Faubourg-Saint-Honoré. Et je me prends à rêver de phrases que je connais déjà, de moments attendus. De ces périodes d'ennui à deux aussi indispensables à une histoire d'amour que les jours de nuages plombés sur les plages des grandes vacances.

Qu'y a-t-il de mieux que la routine ? Que celui qui me contredit aille s'égarer dans l'enfer de la nouveauté systématique.

Les Beatles commençaient une tournée aux États-Unis. Rendez-vous était pris pour que je les rejoigne. En ce temps-là, pour moi, New York était encore l'Ailleurs.

Je marche dans les rues sous un ciel éclatant. Je vais retrouver ces quatre types qui chamboulent le monde et que je connais bien. Je suis libre comme l'air. Rien à dire : ce matin, je rutile.

Manhattan pour ma pomme.

Je dois les revoir à l'hôtel Warwick afin de décider de la suite.

Lorsque j'arrive au coin de l'avenue Of Americas et de la 54e Rue, le quartier est envahi par une marée de gamines au comble de l'hystérie.

Le long des murs anciens aux moulures façonnées genre Dick Tracy, des grappes de filles essaient de grimper, risquant bêtement leur vie pour un autographe qu'elles n'obtiendront jamais. Des voitures de police clignotent à tout-va, les sirènes accompagnent les cris d'oiseaux des fans.

La circulation est bloquée, il me faudra vingt minutes pour atteindre la porte.

Alors, je m'assois sur les marches d'une banque, et voilà que, sans prévenir, la mélancolie me gagne. J'imagine le déroulement des instants à venir, l'habituel cérémonial, moments déjà vécus.

Il faut fendre la foule, montrer patte blanche, persuader les portiers, faire bonne figure, récupérer un *roadie* ou quelqu'un de la troupe.

Le groupe sera dans une suite à rire ou à traîner. « *Hello, Jean-Marie, how are you ? How is Françoise ?* »

Ils ne savent pas l'histoire, ils vont me parler d'elle. D'ailleurs, que fait Françoise en ce moment ?

Et moi, qu'est-ce que je fous là ?

J'espère que Daniel Filipacchi ne lira pas ces lignes, car, j'ai honte de l'avouer, je suis parti.

J'ai laissé les Beatles à leur tournée, je n'ai pas fait ces photos, qui par ailleurs aujourd'hui vaudraient de l'or, et j'ai déambulé dans les rues de la ville jusqu'à la nuit, le cerveau brinquebalé entre ces deux pensées : « Chouette, je peux tout vivre… Oui mais j'ai perdu Françoise. »

Je marche jusqu'à Chelsea, où je croise la chanteuse Nico, que j'avais vaguement connue dans les années 50 rue Saint-Benoît. On n'a rien à se dire, mais en terre étrangère on est moins difficile. Une banalité balancée au bon moment peut vous procurer des frissons de reconnaissance. C'était une belle personne dont le visage nordique en déchaîna plus d'un. Elle frayait à l'époque avec le Velvet Underground, un groupe dont le style portait bien son nom.

Sa blondeur, aujourd'hui adulée par les fanatiques des gloires anciennes, me laissait de marbre.

Elle m'emmène chez Andy Warhol, à la Factory. Je n'ai pas fait deux pas que je m'y sens très mal. On y croise des caricatures, quelques cheveux gonflés, une symphonie d'attitudes.

Le maître de maison a le regard ailleurs. Voilà donc le pape du pop art, il a l'air sous hypnose avec sa perruque en colère ; en plus, il trouve tout le monde gentil.

Je me souviens surtout d'une pièce aux murs recouverts de papier d'argent froissé, une sorte de grand cercueil à la lumière glauque.

Être près de Nico, c'est une garantie, un *pass*, une carte du club.

Si je suis ici, c'est que je suis sûrement une célébrité « quelque part ». Je le sens dans les yeux d'une sauterelle aux narines frémissantes qui se jette sur moi, percluse de curiosité.

Elle est accompagnée d'une sorte de balai O'Cedar prétendant au titre de chien. Je vois tout de suite que j'ai affaire à une sulfureuse. Derrière un regard en coucher de soleil japonais, elle cache des trésors d'émotions rentrées prêts à être étalés tout en singeant la gêne. Une démonstratrice du sensible, de ces fausses blondes du cœur qui vous tendent la main pour mieux la retirer.

Tout en fébrilité d'ostentatoire pudeur, elle me darde de ses pupilles obsidiennes en me tournant le dos pour que je parle d'elle.

Bref, c'est une jeune première, une égérie, une actrice. Méfiance, mon gars, me dis-je, c'est de la tueuse ! Apprenant que je suis photographe, elle réalise qu'elle ignore tout de moi.

Je ne suis pas connu, donc je ne vaux rien. Dans la seconde, elle s'en va. Le petit point qui s'éloigne au loin avec de la fumée, c'est elle.

Trop « branchouillé » pour moi, l'endroit, il faut que j'aille voir ailleurs.

À côté d'un fauteuil vide, il y a un type assis par terre en train d'éclater de rire à la lecture d'un traité de mathématiques avancées. Survient une affriolante au sourire tonicardiaque, le genre groupie qui roule un joint en vous entretenant de Dieu.

Elle a la peau laiteuse et un corps généreux qui flotte dans une espèce de djellaba fleurie. Elle est littéralement sidérée qu'à mon âge je ne fume pas. Je ne la connais pas depuis un quart d'heure qu'elle s'enroule déjà autour de moi. Après tout, pourquoi pas ?

Pour le sexe, rien n'égalera jamais les hippies et les punks. Toutes les givrées sont les reines du moment présent. Elles baisent à mort. Profitez-en, les filles, la mort vous baisera. Ce doit être l'atmosphère, je pense vraiment n'importe quoi. Elle me propose un tour chez elle pour écouter Joni Mitchell, ça ne m'étonne pas.

Elle habite une boîte à bonbons de velours frappé qui sent l'encens comme à l'église Sainte-Croix de Neuilly. Un souvenir remonte.

Le matin de ma première communion, je revois la colère de mon père me surprenant dans ma chambre, au lit, en train de lire Lucky Luke. Pour l'occasion, il s'était levé tôt bien qu'il jouât au théâtre. Il s'était mis sur son trente et un ; habillé comme un honnête homme, il s'apprêtait à soutenir son fils à l'heure des serments. Et moi je suis en pyjama, le nez plongé dans des bandes dessinées.

Après la cérémonie, je déjeunai seul à la table de la salle à manger, le bras toujours orné d'un brassard ridicule.

Émergeant du bureau de mon père, Louis Jouvet, immense, s'approche et vient se placer de l'autre côté de la table.

François Périer et Louis Jouvet

Il y appuie ses bras, me fixe un moment et, de sa voix musicale, me déclare :

« TON PÈRE VEUT QUE TU FASSES DU LATIN ?... (Inspiration.) IL A RAISON ! »

Et il sort de la pièce. Plus tard, bien sûr, alors que je ne voulais pas en entendre parler, j'ai fait du latin.

Je ne remercierai jamais assez ce grand homme, c'est peut-être grâce à lui si aujourd'hui j'ose allonger trois lignes.

Est-ce vraiment le moment de penser à cela ?

Ma groupie new-yorkaise est très fière de son lit, un *water bed*, une sorte de méduse qui fait des bruits d'estomac, période digestion. J'ai oublié son nom, elle n'est pas farouche.

Elle se déshabille et s'étend près de moi. On dirait deux jumeaux dans le placenta, tout bouge mollement et je ne suis pas sûr que ce chef-d'œuvre du design moderne va me faciliter l'entreprise. Découverte d'un corps, moment gagné sur l'ennui, un bon moyen pour oublier Françoise.

Quand on n'aime pas une femme, on fait l'amour avec soi-même. Rien à voir avec les fulgurances qu'on se découvre auprès de l'être aimé, enfin, on a les voluptés que l'on peut.

Le manège commence sans trop d'imagination. Son cou, ses seins, je me coule entre ses jambes, le courant, quoi. D'accord, pour les choses du sexe, je n'ai jamais prétendu être une épée, mais quand même, en général, ça fait la blague.

Le son y est, elle pousse les petits cris d'usage, apparemment ça roule, et pourtant, lorsque je lève les yeux, je vois qu'elle regarde ailleurs.

Dans son poste de télé noir et blanc, il y a un *preacher*, un de ces escrocs habillés en pingouin qui parle avec Jésus à heure fixe. Il a un sourire en forme de carte de crédit et supplie l'auditoire de ses yeux de velours.

Doucement, elle glisse et se sépare de moi. Je me retrouve à plat ventre, nez à nez avec un nounours au pelage mité. Elle rampe jusqu'à son poste et met le son plus fort.

L'enfoiré tend la main devant lui, paume à plat, et ose dire :

« Jésus est en moi, il vous attend. Mettez votre main contre la mienne sur l'écran et vous serez en phase avec le Seigneur. »

Et voilà qu'elle le fait, l'imbécile ! Elle se tourne vers moi et, dans un grand sourire digne de sainte Thérèse, elle murmure :

« J'adore ce moment... »

Et elle reste à genoux, la main collée à son écran.

Je la regarde, fesses à l'air, en train de communiquer avec l'Éternel. Finalement, je l'envie. Elle est croyante, comme elle a de la chance. Moi, j'aurais bien aimé être un fou de Dieu ou même un communiste. Ils se lèvent le matin, ils savent pourquoi. Nous autres, tous les jours, faut qu'on invente.

Je me suis quand même trompé de planète. Je m'habille en vitesse et la laisse à son ciel.

Dans une cabine téléphonique, j'appelle Françoise chez elle, à Paris.

Je peux visualiser l'endroit, c'est rassurant, tout va bien. Je ne lui dis pas grand-chose, mais elle le sent, que je ne suis pas fier.

Elle m'entend, elle comprend. On ne la lui fait pas, à la grande.

Au petit matin, je déambule dans cette rue de New York encombrée de cloportes pressés, des milliers de petites entités se cognent sans se voir, un café tiède dans la main, tous certains d'être le centre du monde.

Ils courent vers de majestueux gratte-ciel s'enfermer une journée de plus dans ces cages à lapins dont ils rêvent de s'enfuir.

J'ai beaucoup plus de chance que tous ceux-là, je suis libre, alors pourquoi ma vie me colle-t-elle aux doigts comme du papier tue-mouche ? Je rêve de poudrières et d'explosions variées, une petite guerre pour moi tout seul.

Fatigué par la nuit et le décalage d'heures, je suis sur le point de me laisser happer par le métro des sentiments lorsque je tombe sur un vétéran du Vietnam avec des guirlandes de Noël sur la tête et un drapeau américain à la main.

Il est appuyé contre une vitrine de chez « Saks » qui vante les beautés du mariage à l'aide de mannequins triomphants. Il me sourit, bien que je ne lui demande rien, et, en écartant son imperméable mité, il me montre son sexe en marmonnant des incongruités destinées à lui seul. Où est-il donc écrit que je doive partager un moment d'intimité improbable avec un ex-hippie au cerveau broyé à coups de « Grateful Dead » par un petit matin mouillé dans « cette-ville-qui-ne-dort-jamais » ?

Je crois ressentir le désarroi de son pauvre membre qui n'a sûrement pas servi depuis l'assassinat de Kennedy et qui voudrait partir. J'imagine l'objet glissant le long du froc, contournant le genou, s'agrippant aux chaussettes et s'éloignant d'un bon pas sur la Cinquième Avenue en direction du parc, jetant des petits coups de gland à droite et à gauche pour échapper aux taxis jaunes qui ont autre chose en tête que de se préoccuper d'un pénis en marche vers un destin meilleur.

Au-dessus, dans la vitrine, les épouseuses en voile immaculé rêvassent à l'avenir radieux qu'elles appellent de leurs vœux.

Laissant le guerrier à ses turpitudes, je me concentre sur ces images imbéciles qui m'éclaboussent d'un bonheur injurieux.

« Je sors d'une liaison, mesdames, vous m'obligeriez en rangeant vos sourires bakélite ! »

Mais l'armée de futures divorcées ne me quitte pas des yeux.

Elles insistent. Une autre histoire d'amour ? Mais pour quoi faire ?

Je la connais, la fin du film, je le sais bien que c'est le jardinier qui a tué. Alors, une autre séance ? Tout ce monde qu'on dérange. Donner de l'espoir à une femme qui ne vous a rien fait ? La tartiner dans tous les sens avec des toujours et des jamais, pour encore faire d'elle un miroir ? Viens m'admirer, ma belle, vois comme je suis beau, et grand, et intelligent en plus. Mais ne regarde pas derrière. Les gens, c'est comme les tableaux de maître, il faut les retourner.

La vérité se planque de l'autre côté, prudente et hypocrite comme des économies cachées dans un jardin secret.

Qu'est-ce qui me prend d'écrire ça aujourd'hui ? Je ne me connaissais pas cette impudeur. Mais peut-on écrire pudique ?

Michel Polnareff

Les Rois mages

1970

Il y avait dans le groupe Filipacchi un personnage que nous appellerons Taupin. Il appartenait à ce type d'homme que je n'ai jamais pu comprendre : le terrifié-terrifiant. Sa survie professionnelle ne tenant qu'à une obsession des chiffres, il se croyait obligé d'adopter régulièrement à mon égard une attitude soupçonneuse saupoudrée d'accès d'autorité, lesquels étaient d'autant plus inutiles que Daniel Filipacchi protégeait systématiquement mes lubies créatrices et autres folies dépensières. Car il savait bien, lui, que faire un journal n'est pas une entreprise classique, que cela consiste parfois à cautionner des envies incohérentes et à gérer le hasard. J'étais donc le cauchemar de la comptabilité. Lorsque, pour les besoins d'une photo, j'imaginais un chameau, il me fallait un chameau, et ce dans les quarante-huit heures, avec bosses adéquates. Et Taupin, par la suite, devait justifier auprès de la direction mes innombrables dérapages, sans pouvoir ni se les expliquer ni les freiner.

Je mesure le calvaire que mes insolences ont dû provoquer dans ce crâne hermétique à toute fantaisie. Le fossé tectonique de nos avis respectifs nous éloignait inexorablement.

Dès que je prononçais la phrase fatidique : « Tiens, j'ai une idée ! », je voyais pâlir son visage pro forma.

Donc, ce matin-là, avec Bob, nous allons voir le sieur Taupin dans son bureau pour lui expliquer qu'il nous faut de l'argent et des billets d'avion pour le lendemain.

Nous partons pour le Maroc avec Michel Polnareff.

Très éprouvé, Taupin se sent trahi par son regard bleu mésange. Son œil gauche nous menace pendant que le droit nous supplie.

« Cette fois, essayez de revenir avec des photos », nous dit-il en désespoir de cause.

Sur son bureau, entouré d'un lourd cadre de bronze, il y a un portrait de lui. Ce qui est d'ailleurs assez étrange. De sa femme, passe encore, mais de lui-même ? Cet homme reste donc des journées entières à travailler devant son image encadrée.

Absorbé par ses calculs, il ne remarque pas Bob qui subtilise aussitôt le portrait, afin que nous puissions à tout instant garder pendant ce voyage un contact étroit avec la dure réalité.

Michel Polnareff est certainement un des personnages les plus mystérieux des années 60. Je l'avais croisé en 1954 dans les classes du cours Hattemer, l'établissement des cas désespérés. Pour la fête de fin d'année de l'école, donnée au cinéma Marignan, mon père était venu animer l'événement, sans doute pour faire oublier mon année déplorable.

À cette occasion, Michel et moi avions tous les deux joué du piano.

Quinze ans plus tard, je me retrouve avec lui dans un avion pour le Maroc. À cette époque, il a ce qu'il est convenu d'appeler de nos jours un « look assez conséquent »...

Le jean luisant de crasse chic, les bottes de cow-boy en serpent venimeux, le marcel orné d'un grand « zap » fluo multicolore, les lunettes blanches d'aveugle clairvoyant, la matraque en cuir en cas d'attaque de Martiens et le pistolet à blanc planqué dans la chaussette. Où qu'il soit, le moins que l'on puisse dire est qu'il est remarqué.

Il est accompagné de la dénommée Georgia, une jeune personne à la beauté provocante, chaussée de cuissardes rouges zippées, à peine vêtue de « hot-pants-ras-la-foune » en acétate bleu et d'un tee-shirt à étoiles innombrables.

Elle est, de surcroît, dotée d'une poitrine avantageuse dont on pourrait penser qu'elle est douée d'une vie propre. Nous sommes en présence de seins qui remuent au gré de leur humeur. Ce n'est plus un tee-shirt, c'est une Voie lactée en mouvement.

Bob, de par ses origines libanaises, connaît par cœur les us et coutumes du monde musulman. Il est terrifié à l'idée qu'ils vont se balader comme ça dans la médina, sans réaliser que leur duo n'est rien moins qu'une insulte à l'islam tout entier. Pour les autochtones, incapables de reconnaître une rock-star d'un travesti psychopathe, Michel Polnareff est juste un « roumi » provocant.

L'incontestable talent de Michel engendre des obsessions et des phobies irrépressibles qui encombrent son mental d'hypocondriaque forcené. Ainsi, Georgia doit toujours avoir à portée de main la trousse de médecine qui ne le quitte jamais, avec stéthoscope et tensiomètre au garde-à-vous. Toutes les trois heures, elle lui prend sa tension, au cas où.

Sur la route de Marrakech, nous nous arrêtons dans un troquet pour boire un thé. Michel n'a aucune idée du choc que son apparence peut provoquer chez les âpres enfants d'Ismaël qui nous servent.

Laissant son revolver sur son manteau en agnelet frisottant sur le siège de la voiture, il descend avec sa matraque pendante comme une inconsciente affiche publicitaire de son sexe. Autour de nous, les mamelouks à tronche de tueur le dévorent de leurs yeux opiacés, il devient un mirage de merguez entourée de pois chiches.

Un enfant a repéré le flingue et s'en approche pour jouer. Michel bondit et lui saute dessus pour éviter un accident. Ce faisant, un coup part, mettant instantanément le feu au manteau.

Je demande à Bob de me pincer, est-ce que je rêve ? Michel Polnareff est maintenant en train de piétiner un mouton en flammes au milieu d'une route du Sud marocain. Voilà un voyage qui commence bien.

Des types à la mine patibulaire s'apprêtent à se lever, munis de bâtons menaçants. Bob, qui connaît le quartier, suggère un habile retrait vers la voiture avant que ces dignes fils d'Allah nous transforment en méchoui instantané.

Le lendemain, à l'hôtel de la Mamounia, je m'éveille tôt, agressé par les chants des rossignols et l'odeur des orangers. Bob a disparu, ce n'est pas son genre. Je réveille Michel et sa belle, et nous partons à sa recherche sur la place Djema'a el-Fna. Malgré l'heure matinale, l'endroit est déjà rempli d'une foule bruyante, odeurs, couleurs, sons, tout m'est inconnu. C'est la première fois que je viens dans ce pays et il me tarde de retrouver Bob, mon seul trait d'union avec l'Orient.

Après avoir erré au milieu des charmeurs de serpents et autres vendeurs d'amulettes, on découvre Bob allongé par terre dans son costard en seersucker rouge cloqué, une vipère heurtante lovée autour de son cou et une poignée de cobras dansants enroulés sur son torse.

Autour de lui, des indigènes bariolés jouent de la flûte.

Michel, Georgia et moi sommes pétrifiés, mais nous sentons qu'il est de bon ton de ne pas le montrer. Bob a un sourire béat, ils ont tous l'air très content. Lorsqu'il ouvre un œil et nous aperçoit, il se relève en écartant les cobras d'une main distraite et nous dit :

« C'est un cadeau qu'ils m'ont fait. Un porte-bonheur. Normal, pour eux, je suis un cousin. Un bain de serpents ne se refuse pas ! »

Michel est au comble de l'excitation. D'abord, comme souvent, il pense qu'on serait mieux « ailleurs ». Marrakech, d'accord, mais on serait peut-être mieux à Ouarzazat. D'où lui vient donc cette déception systématique du moment présent ?

Ensuite, il attend la livraison d'un chopper, un monstre californien à deux roues, peinturluré comme une monture de foire du trône et armé d'un guidon en forme d'antenne de sauterelle. L'idéal pour passer inaperçu à l'heure de la prière.

Parti en vainqueur dans les ruelles de la médina avec Georgia en amazone, Michel revient deux heures plus tard, un peu énervé. Après avoir pétaradé dans les ruelles sous les regards ahuris des fidèles, il avait dû abandonner l'engin futuriste sur les marches d'une mosquée, faute de carburant.

Lorsqu'on reviendra chercher la bête, nous serons accueillis par les rires des enfants. Adieu la fière monture des apôtres d'*Easy Rider*, il n'en reste que la carcasse désossée, une sorte de grosse arête de limande adossée à un mur. Du moteur jusqu'au moindre chrome, à cette heure tout est refondu en bibelots pour touristes.

Imperturbable, Michel se tourne vers nous :

« Je vous l'avais dit, on aurait dû aller à Taroudant ! »

Je n'ai toujours pas fait une photo, car son obsession du jour est un indiscernable problème capillaire. Bob et moi le trouvons très bien, mais de toute évidence nous n'y comprenons rien. Dès que l'on fait l'erreur d'évoquer sa toison, il se recroqueville, et Georgia doit d'urgence lui reprendre sa tension.

Dans notre chambre, la photo de Taupin nous toise d'un regard accusateur.

On nous avait dit à Paris : « Si vous avez besoin de quoi que ce soit, allez voir le patron du Club Méditerranée, c'est quelqu'un de sérieux, sur qui l'on peut compter. »

Dans le dédale du village en folie, on arrive au bungalow du patron. Un poussah dont le visage est passé au cirage noir nous ouvre la porte, il est en djellaba bleu électrique avec des cheveux papous.

Un jeune éphèbe courbé lui présente des bijoux.

Voilà donc l'homme « sur qui l'on peut compter ».

Il nous demande le plus sérieusement du monde quel collier il devrait porter, puis nous entraîne à travers le labyrinthe du Club jusqu'à une terrasse surplombant une place. Là, il exécute un geste large du bras et des geysers d'eau colorée jaillissent du sol, entremêlés de flammes. L'homme est maître de tous les éléments, l'eau et le feu sont à sa dévotion.

Et tandis qu'on lui présente une carcasse de mouton rôti qu'il éventre à coups de poing, il se tourne vers nous et dit, dans un sourire matois :

« Connaissez-vous N'Baba ? »

Il tourne un index de sycophante vers un homme à l'allure majestueuse.

Affalé sur des coussins brodés, dans un costume colonial, l'homme est en train de caresser la joue d'une nymphette en organdi rose pendant que celle-ci dépose délicatement des loukoums entre ses lèvres purpurines avec tout le respect dû à son grade de général de l'armée marocaine.

Très accueillant, le général N'Baba veut absolument nous emmener à Erfoud, en plein milieu d'un désert dans lequel il s'ennuie.

« Venez, on va se déguiser en Touareg et on attaquera un car de touristes ! » nous propose-t-il avec ses yeux de python.

C'était sa distraction favorite. Il costumait ses hommes en pirates du désert et dépouillait des étrangers affolés de tous leurs biens, puis il les emmenait dans un camp militaire. Là, il les alignait le long des chars d'assaut et, pour sa plus grande joie, il hurlait : « C'est une blague ! », puis il leur rendait leurs affaires.

Plus tard, il devra cesser ce manège après qu'un touriste cardiaque, ému par le réalisme de l'embuscade, lui eut claqué dans les bras.

On s'amuse comme on peut dans le désert marocain.

Polnareff n'est pas chaud pour cette joyeuse aventure, d'autant plus qu'il a un rendez-vous le lendemain pour la fête du Trône, laquelle a lieu pendant le retour de La Mecque. C'est dire si l'atmosphère du pays est survoltée. On se rend aux festivités en calèche.

La fantasia a lieu dans la cour royale. Nous sommes allongés sur des coussins dorés, entourés de danseuses dans la tente du frère du roi.

Des cavaliers chargent à toute allure dans une odeur de poudre sous les youyous des femmes et les chants des trompettes en bronze qu'on voit briller sur les fortifications.

Précédant la cavalerie, il y a un vieillard majestueux avec une barbe blanche qui arrive au triple galop sur un pur-sang. D'une main, il tient un faucon, de l'autre, il fait des moulinets avec son arquebuse et s'arrête à dix centimètres de mon coussin.

Les gâteaux de haschisch nous brouillent petit à petit la perception. Lorsque, un moment plus tard, on se retrouve en train de danser avec les cavaliers en tirant des coups de pétoire vers les étoiles, Bob me sort en douce la photo de Taupin qu'il a planquée dans sa poche.

« Si tu l'as au téléphone, n'oublie pas de lui dire de ne pas nous déranger. On travaille ! »

Aux portes du désert, Zagora, une petite ville qu'on dirait dessinée par De Chirico. Bob et moi escaladons une montagne, pendant que Michel et sa belle sont en conciliabule dans la chambre d'hôtel.

En haut, près d'une forteresse, on voit les dunes de sable à l'infini. Les enfants que l'on croise nous demandent des bakchichs.

Un petit sourd-muet d'une douzaine d'années nous suit, ne communiquant que par gestes. S'il fait couler du sable de sa main en indiquant l'horizon, Bob traduit : « Au-delà, il n'y a rien… »

Il ne veut plus nous quitter. Deux ou trois joints plus tard, on croit comprendre avec effroi qu'il nous demande de le jeter dans le vide. « C'est effrayant, si on voulait, on pourrait réaliser le crime parfait ! »

Mais, tout bien réfléchi, cela ne nous semble pas une bonne idée.

Alors, Bob lance le portrait de Taupin dans le ravin pour que je le photographie en plein vol. C'est du plus bel effet et puis, quitte à pousser quelqu'un, autant que ce soit lui. L'enfant ne comprend pas bien la signification du geste, aussi Bob lui fait-il cadeau de son chapeau.

Tandis qu'on redescend, on voit le môme qui nous regarde partir, assis sur une borne indiquant « Tombouctou, 28 jours de dromadaire ».

Je me souviens de la tristesse de son sourire.

En 1999, j'ai revu Michel Polnareff à Los Angeles dans le but de faire des photos pour *Paris-Match*. Il était très gentil et beaucoup plus calme que dans mes souvenirs des années 60. Néanmoins, lorsque l'on commença la séance, son inquiétude réapparut. D'où venait donc cette peur de sa propre image ? Pourquoi s'était-il toute sa vie durant caché derrière des masques ? Son physique n'avait pourtant rien de rébarbatif.

J'ai encore le souvenir de la première photo que j'avais faite de lui, un gros plan sans lunettes, il avait des yeux très beaux, pleins d'émotion.

Elle est peut-être là l'explication, et il n'est pas le seul dans ce cas.

Chez la plupart des gens que j'ai croisés dans le monde du spectacle, il y a souvent cette envie de ne pas se ressembler, ce rêve d'être quelqu'un d'autre, à la recherche d'une image d'eux-mêmes à laquelle ils aimeraient croire et qui ne les satisfait jamais. Pour avoir du talent, faudrait-il donc savoir ne pas s'aimer ?

Coup de fil de Paris, ma sœur Anne-Marie est sur le point d'accoucher. Connaissant son humour sans limites, nous décidons avec Bob de lui faire une fête à la hauteur de notre estime. Pour cela, nous allons dans les souks à la recherche des plus beaux atours.

Les lourds brocarts aux couleurs princières, les djellabas brodées d'or, les sabres Nimcha à manche de nacre, les babouches de Kairouan, rien n'est trop beau pour fêter l'événement ! Nous lui préparons une arrivée de Rois mages.

À Paris, il pleut. Et lorsque nous sortons de chez moi, rue du Faubourg-Saint-Honoré, notre allure de sultans des *Mille et Une Nuits* produit sur les passants des réactions mitigées. Le visage enturbanné, les drapés multicolores, les sabres scintillants, et nos babouches qui foulent le pavé parisien avec la majesté qui sied aux fils de Mahomet. Dans le taxi que j'ai commandé, le chauffeur ne nous quitte pas des yeux dans son rétroviseur.

Bob et moi sommes tout à l'excitation de la surprise que l'on va faire à Anne-Marie. Puisqu'un accouchement est une fête, nous allons déposer tout l'Orient à ses pieds.

Mais, lorsqu'on s'arrête devant l'Hôpital américain de Neuilly, l'austérité du lieu imprime un léger coup de frein à notre enthousiasme. Nous avions oublié que dans ce bâtiment blanc on ne donne pas que le jour.

Bob ne se démonte pas. Il me dit :

« Je suis le prince et toi mon secrétaire, laisse-moi faire ! »

Et, dans un large mouvement, il fait voler sa djellaba et va droit vers la réception.

La préposée s'accroche à son siège, impressionnée par notre allure biblique.

Bob se lance dans une interminable tirade en arabe de laquelle émerge le nom d'Anne-Marie Périer. Pétrifiée, la dame plonge le nez dans ses registres et nous communique le numéro de la chambre en parlant fort et lentement comme si elle s'adressait à des bébés.

Dans les couloirs de l'hôpital, je suis Bob respectueusement en tâchant d'éviter les regards d'un groupe de gens aux yeux rougis par le chagrin. Visiblement, derrière la porte, un de leurs proches est au plus mal. Craignant que notre plaisanterie ne tourne au cauchemar, je presse un peu le pas et

Ma sœur Anne-Marie.

pose malencontreusement le pied sur la traîne de Bob qui, droit comme un « I », se retrouve étranglé, la langue dehors, stoppé net dans sa marche royale sous le regard interloqué de la famille. Le chemin semble long jusqu'à la chambre et nous sommes soulagés de l'atteindre enfin.

Derrière cette porte, il n'y a que du bonheur.

On prépare notre entrée comme des acteurs en coulisses et on se lance en clamant : « Allah est grand ! »

Dans la chambre, il y a mon père et sa femme Colette penchés sur le lit d'Anne-Marie. Celle-ci, environnée de machines aux graphiques inquiétants et de tuyaux plongeant jusque dans ses narines, est aussi pâle que ses draps. L'accouchement a été presque fatal. Et nous sommes là, les bras en l'air, figés dans une posture grotesque, en contraste absolu avec la situation. Nous voyant, Anne-Marie manque de s'étouffer et mon père nous demande gentiment de nous éclipser, elle ne doit rire à aucun prix. Nous partons donc à reculons, perclus de honte ; le bide est absolu.

Mon père sort de la chambre ; on ne pouvait pas savoir, il comprend. L'enfant va bien, allons le voir.

Notre arrivée dans la nursery provoque un émoi respectueux. Quand, à travers une vitre, une nurse nous présente le petit Mathias, Bob dégaine son sabre et indique l'horizon en criant : « Moi vivant, aussi loin que se porte ton regard, tout t'appartient ! »

Il a l'air tellement vrai que personne n'ose se moquer.

Mais, quand on se retrouve dans la rue sous la pluie, aucun taxi ne s'arrête et nous rentrons à pied. À la moitié du chemin, nous étions encore crédibles. À l'arrivée chez moi, nous n'étions plus que deux torchons mouillés piteux.

Mon frère, Jean-Pierre Périer.

Régis

Avril 1965

De par son statut de directeur artistique, Régis Pagniez était au groupe Filipacchi ce que l'ail est à la cuisine : sans lui, rien n'aurait eu de goût.

Sa fonction consistait à imaginer le visuel des journaux que Daniel lançait les uns après les autres, au grand dam des groupes de presse concurrents dépassés par la profusion révolutionnaire de ses idées modernes. Si, entre autres, Daniel me communiqua les bases de la photographie, Régis, lui, m'apprit à regarder.

Pendant mes douze années de vie commune avec lui et sa famille, rue du Faubourg-Saint-Honoré, dans mon appartement il y avait un piano. Je n'y ai jamais touché. Il était là pour le plaisir de mes amis musiciens. Du reste, c'était simple : chez moi il y avait de la musique tout le temps. Et fort, trop fort sûrement. Sauf pour Anne et Fanny, les deux fillettes de Régis, que ce vacarme amusait. Dans ma loggia ovale, plus connue sous le nom d'« œuf », les fêtes succédaient aux fêtes, c'était un œuf musical, sans aucun doute l'endroit le plus bruyant de Paris. Vivre avec eux était un privilège, ils étaient une autre famille que je m'étais choisie.

Régis, sous ses airs d'anarchiste aristocrate, est un tendre tenté de camoufler une sensibilité à fleur de peau derrière un paravent de phrases négatives à la limite d'un cynisme qui ne lui ressemble en rien.

De dix ans mon aîné, il vivait un peu à travers moi, par procuration. Une fille passait, il me poussait à la séduire. On lui proposait un luxueux cabriolet, il m'intimait l'ordre de l'acheter. J'étais comme une seconde jeunesse qu'il s'offrait par plaisir.

Notre *butler* espagnol insistait pour porter nos chaussures de chez Lobb afin que nos pieds ne subissent pas la raideur des cuirs neufs. Ce dernier promenait, le matin, un visage désolé devant les reliefs de mes soirées avant de replonger chez Régis et sa femme Jamie, dans la partie de la maison qui collait plus à l'idée qu'il se faisait d'une vie familiale.

Avec les Pagniez, nous vivions un peu en communauté, bien avant que les hippies y pensent.

Or, ce jour-là, la musique est absente, et, même quand je la mets, je ne l'entends pas. C'est que je reviens juste d'enterrer mon frère Jean-Pierre. Du haut de ses vingt-trois ans, il avait à la vie claqué la porte au nez.

Comme tous les privilégiés dans mon genre, il m'était arrivé de plonger dans une délectation morose, due sans doute à un romantisme incontrôlé, qui m'amenait parfois à flirter avec l'idée du suicide sans raison véritable. Mais de là à franchir le pas…

À l'annonce de la mort de mon frère, je me souviens de lui en avoir presque voulu. Ma première réflexion fut : « Tiens, il m'a coiffé au poteau. » Égoïsme dont je ne suis pas fier. Piégé par une maudite drogue, mon frère venait de se jeter par la fenêtre et je pensais à moi.

Pour l'instant, écroulé dans mon canapé beige, j'étais encore empreint de ces minutes pénibles, la visite au corps de Jean-Pierre, petit frère bien peigné qui ne veut plus sourire. On ne devrait jamais voir les morts, le silence dans la pièce est bien trop lourd.

Et puis les têtes d'enterrement et les phrases adéquates, attendues, évidentes, sans imagination aucune. La musique suffirait ou alors du silence, mais non, ils veulent des phrases !

Devant sa tombe, j'avais croisé ses amis, dont certains m'étaient étrangers. Du même âge que le sien, ils connaissaient de sa vie des pans qui m'avaient échappé. Ils voulaient me les dire, mais parler de Jean-Pierre avec des étrangers avait le goût d'une trahison, comme s'ils m'avaient volé ces moments ignorés.

De retour chez moi, j'étais inoccupé, ne sachant que faire. Manger m'apparaissait comme une grossièreté, rien que de respirer ne semblait pas de mise.

S'il y avait une chose que Régis ne supportait pas, c'était le moindre signe de sensiblerie.

Lorsqu'il entra dans la pièce, j'ai dû sans doute à cette seconde précise faire étalage d'une tristesse un peu affectée. Peut-être ai-je surjoué ma peine d'un millimètre de trop ; après tout, je venais d'une famille d'acteurs. Il ne dit rien, se contentant de tourner en rond en remettant d'équerre un tableau mal placé.

Pour faire diversion et afin d'annuler le silence, je vais vers la fenêtre pour laisser entrer un peu de vent.

Alors, sans me regarder, tout en passant le doigt sur la poussière d'un cadre, Régis lâche simplement, l'air de rien, comme ça, juste pour voir :

« Alors, toi aussi, tu vas faire un tour ? »

Cher Régis, en faut-il de la finesse pour oser balancer à ce moment précis une perle d'un tel mauvais goût ! Le filin est étroit, ça frise le Guillaume Tell.

Car c'était une phrase insoutenable, mais justement la seule sur un million qui devait être dite. En réussissant le tour de force de me faire rire, il avait replacé ma vie dans ses rails, c'est-à-dire près des siens, là où l'humour s'assoit sur la tristesse.

Puis, tout en maudissant une tache sur un mur, Régis est sorti.

Si mon éditeur pouvait avoir la gentillesse de faire de ce livre un exemplaire pour cet ami si rare, un exemplaire unique à lui seul destiné, dont on retirerait ces pages dans lesquelles je remercie le ciel d'avoir mis sur ma route un mentor tel que lui. Régis ne les supportera pas, ces phrases, elles sont bien trop directes, trop gentilles, trop primaires. Si vous le voulez bien, dégoisons quelques sottises, mais surtout, par pitié, n'allez pas lui dire que je parle de lui.

Mon frère, Marc Porel.

La drogue, c'est de la merde !

1984

Heureusement, il me reste ma sœur. Elle au moins, c'est du sûr ; comme une autoroute, sa vie est toute droite, il n'y a pas de péage.

Dix ans après que Jean-Pierre succombe aux mirages du LSD, mon frère Marc s'est perdu dans les méandres de l'héroïne. Il en est mort comme beaucoup de mes amis musiciens, ceux-là qui m'expliquaient qu'ils contrôlaient la chose.

Car, à les écouter, toujours ils la maîtrisent, à grands coups de mensonges, de délires illusoires et de rêves d'enfants perdus à en devenir méchants.

Avec Anne-Marie, nous n'en parlons jamais. Nous parlons peu, d'ailleurs, ou alors des bêtises, à coups d'humour câlin, on protège ce qui subsiste de cette envie de famille. Il y a fort longtemps que l'on s'est épousés sur l'autel du non-dit. Ce mariage-là, au moins, on sait qu'il durera.

Le docteur Saillon, un médecin de Versailles désespéré de voir des adolescents lui filer entre les doigts, avait, tout seul dans son coin, monté une association pour lutter contre la drogue. Il lui avait donc semblé évident de s'adresser à Jacques Séguéla, le pape de la communication.

Ce dernier savait bien ce qu'il faisait lorsqu'il me proposa une campagne antidrogue.

Il avait raison, sa position le poussait à l'efficace et, en l'occurrence, il ne s'était pas trompé de client. Il est plus fin qu'on ne croit. Connaissant mon histoire, il me donna carte blanche, je lui en saurai toujours gré.

Mais, en professionnel du message, il m'avait expliqué le but de cette opération. Et je pense encore aujourd'hui que son propos était intelligent. Dans la langue lapidaire qu'on lui connaît, il m'avait fixé l'objectif suivant :

« Ne rêvons pas. On ne va pas solutionner le problème de la drogue avec un spot publicitaire. Le but de cette campagne, c'est d'atteindre ceux qui n'y ont pas encore touché et de forcer la conversation entre les parents et les enfants sur ce problème. Tu fais ce que tu veux, ça doit durer soixante secondes, pas plus. »

Sur une merveilleuse musique que Michel Colombier avait composée dans son studio de Los Angeles, j'avais donc imaginé l'histoire d'un gamin de quinze ans dans une cour d'école, qui, voyant celle qu'il aime partir dans les toilettes aux bras d'un adolescent sulfureux, les suivait jusqu'à les surprendre au moment du « deal ». Sans qu'un mot soit dit, il se saisissait du maudit paquet et, tout en regardant sa petite amie, il reculait en jetant le sachet de poudre dans les toilettes. Et en travers de l'écran apparaissait le texte : « La drogue, c'est de la merde ! » Parmi les trois phrases que je lui proposai, je me souviens d'avoir hésité sur celle-là, mais Séguéla ne s'y est pas trompé, il la choisit sans hésiter. Il faut savoir qu'à l'époque le mot « drogue » n'avait jamais été prononcé à la télévision.

Faisant fi du tollé des spécialistes en tout genre et autres journalistes férus de cette question pour des raisons que je préfère oublier, nous défendîmes ce slogan envers et contre tous.

Bien sûr, nous étions très conscients de la stupidité de la phrase, mais nous ne luttions pas contre la drogue, nous faisions la guerre à l'hypocrisie et à l'ignorance. Si, à une heure de grande écoute, des enfants voyaient un gros mot apparaître en travers de l'écran du poste familial, il était évident qu'ils s'empresseraient de le répéter. Et, par la force des choses, la conversation avec leurs parents s'installerait.

Ce fut le cas. J'en eus la confirmation par le professeur Olievenstein, un des seuls spécialistes sincères de cette question.

Dieu sait pourtant s'il avait été notre plus virulent détracteur à la sortie du film. Deux ans plus tard, il m'avoua qu'il pensait que nous avions eu raison et, dans la foulée, il me donna un coup de main pour une autre campagne en acceptant de présenter lui-même un nouveau clip antidrogue que je venais de produire.

Claude Olievenstein a l'élégance des gens qui savent de quoi ils parlent.

À la sortie du premier spot, grâce à la folle générosité de sainte Toni Krantz, l'une des rares attachées de presse avec un cœur à la place du cerveau, tous les médias du pays se jetèrent sur moi. Ne voulant pas attirer l'attention sur ma petite personne, malgré l'insistance de certains journalistes, je n'évoquerai jamais mes frères disparus. Mon but n'était pas de devenir le chantre de l'antidrogue en France. La Jeanne d'Arc de la came, merci beaucoup.

Dans les années 80, je fis donc trois campagnes sur ce thème, jusqu'au jour où j'eus l'affreux sentiment qu'en voulant lutter contre ce fléau j'en faisais inconsciemment la publicité. Cela à cause d'un sale tour du destin.

Le garçon du premier spot, ce gosse au visage d'ange qui jetait ce poison dans des chiottes, c'est-à-dire à sa place, trois ans plus tard succomba lui-même de ce que, envers et contre tous les spécialistes du monde, j'appellerai toujours de la merde. Fut-ce à cause de sa participation à ce film ? Je ne le saurai jamais.

Je l'avoue aujourd'hui, j'avais voulu venger mes frères, mais comment gagner une guerre depuis longtemps déjà perdue ?

James Brown

James Brown et moi

Avril 1966

Les rendez-vous photographiques avec les stars américaines sont généralement de courte durée.

James Brown était à l'époque en couverture de *Life Magazine* qui titrait : « James Brown est-il le Noir le plus important des États-Unis ? » Consécration inimaginable en un temps où, malgré les efforts du président Kennedy, la ségrégation battait encore son plein.

J'ai donc un rendez-vous de quinze minutes avec lui dans sa maison du Connecticut.

Au milieu d'une campagne réglée au cordeau se trouve une grille en fer forgé étonnée d'être là, une envie de Versailles. Une caméra me scrute méthodiquement pendant que je réponds à une voix nasillarde qui sort de je ne sais où :

« Je suis le photographe qui vient de Paris. »

La grille s'ouvre et, au bout d'un parc constellé de biches en stuc et autres nains de jardin, j'aperçois une maison style Blanche-Neige surmontée d'une tourelle émouvante de naïveté. Un chemin de petits cailloux bien propres mène à un pont moyenâgeux qui traverse une fausse rivière.

À la porte d'entrée apparaît une virago noir cirage atteinte de virilisme aigu. D'une voix de stentor, elle aboie : « *Follow me !* », puis elle siffle « *Mister* ».

Dans le salon que je traverse, il y a un chemin en plastique transparent pour protéger la moquette couleur parme.

Je croise des fauteuils aux motifs variés dignes de Mickey Mouse et, partout sur les murs, des portraits du maître de maison peints dans le genre « place du Tertre ». Vraisemblablement des cadeaux d'admirateurs, il figure en boxeur, en G. I., en roi du monde, etc.

Un résumé des rêves les plus primaires engendrés par son succès.

La rombière africaine m'indique un escalier en se grattant les fesses et me laisse seul dans une atmosphère aux relents de marshmallow.

Je descends dans une immense salle de sport encombrée par une foule impressionnante d'hommes en costume sombre qui attendent en file indienne d'être reçus par Sa Majesté, qu'on aperçoit au loin, allongé sur une table de massage. Derrière lui, il y a un gymnaste qui lui tire sur les cheveux avec de la graisse d'oie. En effet, j'apprendrai plus tard que ce cérémonial a lieu tous les matins. Pendant les trois heures d'un massage capillaire destiné à ôter à sa toison la moindre ondulation négroïde, James Brown reçoit.

Samsonite à la main, tirés à quatre épingles comme le sont les Noirs américains lorsqu'ils tendent vers le Blanc, des caricatures d'hommes d'affaires prêtent allégeance. Défilant les uns après les autres, ils proposent divers objets à vendre ou bien expriment des requêtes auxquelles le roi de la soul répond d'un geste sûr sinon définitif.

Je suis la seule tache claire pour égayer la pièce et je n'en mène pas large.

Après une bonne heure d'attente arrive enfin mon tour.

Un secrétaire un peu trop stylé se penche vers le monarque et dit :

« C'est le photographe qui vient de Paris. »

James Brown relève un peu la tête et me regarde de son œil insondable. Il a le visage sombre et luisant d'un fauve en colère.

Que voit-il, ce géant qui vient du bas de l'Amérique profonde, luttant jour après jour du haut de son talent pour atteindre finalement les cimes de ce respect dont il savoure les signes ? Ce freluquet coincé devant lui représente quand même la France, Paris et des élégances qui lui sont étrangères. Je suis un Blanc venu de loin, c'est une victoire de plus.

Alors que j'ébauche un sourire maladroit, il me fait signe de m'approcher. Je fais un pas vers lui. De sa main droite, il esquisse un petit geste, un balancement qui signifie « mi-figue, mi-raisin ». Que veut-il dire exactement ?

La panique me gagne à l'idée qu'il me pose une question sur ma sexualité. Suis-je tombé dans un nid de brutes perverties ? Je me vois déjà à plat ventre sur la table de massage, victime par consentement forcé d'un coït infernal.

Le voilà qui sourit en répétant son geste. Je comprends tout à coup qu'il parle de la couleur de ma peau. J'acquiesce, à moitié rassuré.

Oui, j'ai du sang noir, y a-t-il un problème ?

Alors, très doucement, il indique mon crâne et me dit :

« *You've got beautiful hair !* » (Vous avez de beaux cheveux !)

Et, au lieu du quart d'heure prévu, il me garda une semaine.

Tous les jours à trois heures, je le retrouvais chez lui.

La revêche Vénus hottentote m'apportait des douceurs, maintenant j'étais des leurs.

Il sortait torse nu de sa chambre sous un peignoir de boxeur rouge écarlate.

Il allait directement à une limousine garée dans le jardin toutes portes ouvertes. Accompagnés du secrétaire stylé et d'hommes d'affaires variés, nous roulions jusqu'à l'aéroport sur des coussins léopard.

Les conversations ne tournaient qu'autour du business et des placements boursiers. Sur la piste, un jet privé l'attendait, moteurs en marche. Deux mille kilomètres plus tard, une autre limousine aussi imposante l'emmenait directement au concert.

Dans les coulisses qu'il traversait en sautillant comme un champion, on entendait le public que l'orchestre avait déjà chauffé à blanc.

Et il entrait directement sur scène pour un spectacle hallucinant qui durait bien trois heures.

Après quoi, toute la troupe attendait dans les coulisses pendant qu'une des solistes du chœur lui faisait une petite gâterie. Une fois la messe à sa virilité consommée, le monarque réapparaissait et nous reprenions l'avion pour New York.

Un jour, j'osai quand même poser la question : ne serait-il pas plus simple de dormir sur place au lieu de parcourir tous les jours le pays pour rejoindre la tournée ?

« Impossible ! me répondit James Brown. Il n'y a qu'une personne qui ait le droit de me toucher les cheveux. Vous l'avez vue chez moi, à New York. Et malheureusement, il ne supporte pas les voyages. »

Dutronc et moi pendant le tournage d'*Antoine et Sébastien*.

Curriculum

« La photo, c'est très bien, mais c'est mieux quand ça bouge. »

C'est ce que je me disais tous les jours, l'œil rivé à un appareil photographique.

Mais les films sont comme les histoires d'amour. Les plus beaux sont peut-être ceux qui ne verront jamais le jour. « Si on va par là » (j'aime beaucoup cette expression), des beaux films, j'en ai plein en magasin.

1963. Je m'étais mis en tête de faire un remake des *Enfants terribles* de Jean Cocteau, avec Françoise Hardy et Mick Jagger. J'avais fait des repérages à Liverpool, mais la carrière des Stones prit un essor tellement fulgurant que le projet s'annula de lui-même.

Dommage. Ces deux visages l'un à côté de l'autre valaient vraiment le déplacement.

1964. J'avais écrit *La Perruque*, un scénario pour Françoise et Jean-Paul Goude, lequel eût été un formidable acteur. Il avait imaginé et construit les décors de cette histoire, narrant les déboires d'un maquettiste de journaux dépassé par le succès de sa célèbre fiancée. Le film eût sans doute été assez naïf, je regrette néanmoins de ne l'avoir pas fait. Et pourtant celui-là, je n'en suis pas passé loin.

Hélas, le distributeur nous lâcha une semaine avant le début du tournage pour des raisons qui m'échappent encore.

1965. J'avais composé un scénario pour Sylvie Vartan et Johnny Hallyday. Cela se passait en Bretagne dans le milieu du cirque.

L'histoire se perd un peu dans mes souvenirs. Ils avaient tous les deux envie de tenter l'aventure, mais Johnny Stark, leur manager, était contre. Les tournées de Jojo représentaient trop d'argent pour perdre du temps avec le cinématographe...

1966. Premier film, enfin, pour « Les dossiers de l'écran » à la télévision : *Les Enfants du palais*, tiré d'un texte de Michel Cournot. Mon père tenait le rôle d'un juge pour jeunes délinquants. L'histoire était racontée en voix off par Simone Signoret qui nous avait prêté son talent. On y voyait Dani la chanteuse et des mômes inconnus.

Encore un coup de main de mon père, puisque c'est lui qui avait produit ce film.

Je vous l'avais bien dit que j'étais un enfant gâté.

Depuis ma naissance, son travail l'accaparant sans cesse, nous avions passé peu de temps ensemble. Tourner avec lui était un merveilleux moyen de nous retrouver.

Entre 1967 et 1969, je réalisai deux documentaires pour la télévision. Un sur Françoise Hardy à Londres, et un sur

Georges Brassens. Décidément, mettre des gens en valeur demeure mon passe-temps favori.

1969. Premier long métrage de cinéma : *Tumuc Humac* (n'essayez pas, c'est impossible à retenir). Avec mon frère Marc Porel et Dani, toujours chanteuse. J'étais emballé à l'idée de mettre de la musique sur des images (elle était de Micky Jones, qui fondera plus tard le groupe Foreigner, et Tommy Brown, qui nous a quittés). J'en avais glissé partout, il y en avait beaucoup trop.

1970. Alain Delon me propose de réaliser *La Route de Salina*, un film dont il aurait tenu le rôle principal. Il était déjà la plus grande star française, tous les metteurs en scène lui couraient après. En allant me chercher, il faisait preuve d'une bonne dose d'imagination.

Me sentant incapable de raconter une histoire dont je n'étais pas l'auteur, et impressionné par sa renommée, je refusai.

Je ne le saurai jamais, mais je crains d'avoir eu tort.

1971. Johnny Hallyday était au sommet de sa gloire. Je lui avais donc écrit un scénario sur l'histoire d'un chanteur dont la carrière décline jusqu'à ce qu'il se retrouve à la rue. Une sorte de synthèse de ses pires cauchemars. Ça commençait par une foule qui le regardait descendre d'un hélicoptère sur le toit du Palais des Sports. Et ça finissait le jour de l'arrivée des Américains sur la Lune.

Dans un boulevard rempli par une autre foule dont les yeux guettaient le ciel, il s'éloignait, seul, les yeux vers le sol, dans un costume de scène aux airs de haillon. Si ce n'est pas du spectacle, qu'on me les coupe.

Ce projet lui tenait vraiment à cœur, et encore une fois son entourage fit barrage. Je n'aime pas les gémissements, mais quand même, avec Jojo, je n'ai pas eu de chance.

1972. Depuis trois ans déjà, je rêvais de faire tourner Dutronc.

À l'époque, les gens dits « du métier » considéraient qu'un chanteur ne pouvait pas marcher au cinéma. Pour leur prouver ses talents, je tournai un court métrage : *L'Homme assis*, sur un texte de Fernand Pluot. Jacques y jouait un garçon de café du bord de mer aux prises avec un client obsessionnel interprété par Claude Piéplu. C'est grâce à cette courte comédie que, plus tard, je pus convaincre la productrice Michelle de Broca de produire *Antoine et Sébastien.*

Toujours en 1972, je fis également un film de télévision sur le chanteur aveugle, Gilbert Montagné.

Mais, surtout, Alain Delon allait sortir un long métrage qu'il avait produit, intitulé *Doucement les basses !*

« As-tu un court métrage avec ton film ? » lui demandai-je.

Comme il n'en avait pas, je lui fis la proposition suivante :

« Donne-moi deux briques et je t'en fais un en trois semaines. »

Il me donna l'argent, ainsi que sa confiance puisqu'il ne me questionna même pas sur ce que j'allais tourner.

Avec mon ami Bob Elia, nous avons réuni une dizaine de chimpanzés durant deux jours en studio, les habillant de tous les costumes représentant la société des hommes. Ils apparaissaient les uns après les autres, en flic, en curé, en pute ou en émir. Rire autant que durant ce tournage frisait l'inhumain.

Gros succès le jour de la première. En ce qui me concerne, démarrer un générique annonçant : « Alain Delon présente… », et voir arriver des singes, ça suffisait pour me faire ma semaine.

1973. Enfin, je réussis à réunir Dutronc et mon père dans *Antoine et Sébastien*. Ce moment-là reste le plus beau de mes souvenirs de cinéma. Dès la première prise, Jacques était un acteur. Quant à mon père, si émouvant dans ce rôle, je me rendis compte plus tard de l'épreuve que je lui imposais.

Non seulement Dutronc jouait son fils adoptif, sujet fragile au sein de notre famille, mais j'avais demandé de surcroît à mon père de se teindre les cheveux en blanc. J'ignorais que, pour un comédien, à trente ans se grimer en vieillard passe pour un pari amusant ; or, dans la cinquantaine, l'exercice est beaucoup plus délicat. J'ai su qu'il en avait souffert, toutefois, comme il était mon père, il ne m'en a rien dit.

1977. Tournage de *Sale Rêveur* avec Dutronc et Lea Massari.

J'aimais beaucoup ce film dans lequel le personnage de Jacques s'inventait une histoire d'amour fictive pour tourmenter celle qu'il aimait. J'espère qu'ils le repasseront un jour à la télévision pour que je puisse l'enregistrer. Je n'ai même pas de copie.

1979. Lorsque Jacques Wolfsohn me montra la pochette du disque du groupe Téléphone, j'en tombai raide dingue à la seconde.

Ils étaient en tournée quelque part en France quand j'allai les rejoindre. Ne connaissant aucun d'eux, je laissai un message à leur hôtel et allai les attendre au café d'en face. Vers trois heures de l'après-midi, le premier se pointa encore ébouriffé de sommeil. C'était François Ravard, leur manager, qu'il me semble indispensable de considérer comme le cinquième membre du groupe. Je me lance :

« Voilà, je veux faire un long métrage sur vous, en scope trois écrans et en dolby stéréo, et on représentera la France à Cannes. »

J'avais dit ça au flan, en proie à une excitation des plus déraisonnables.

Durant tout l'après-midi, ils vinrent tous me voir à ma table au café. Et l'un après l'autre, ils me déclarèrent qu'ils n'en avaient rien à foutre, qu'ils n'en croyaient pas un mot, et qu'en plus j'étais vieux.

J'avais quarante ans, donc, pour eux, c'était vrai.

J'étais aux anges. Leur sincérité agressive m'emballait, je ne les lâchai plus.

Quelques mois plus tard, nous sortîmes le film *Téléphone public*, en scope trois écrans, en dolby stéréo, et nous représentâmes la France à Cannes. La productrice Claudie Ossard, dont c'était le premier long-métrage, avait fait les choses en grand. Villa somptueuse, Rolls et champagne. Des vrais Pieds Nickelés. La première dans le palais des Festivals, le temple du cinéma sérieux, en compagnie de ces cinq adolescents à l'énergie agressive fut un enchantement.

Nous avions exigé qu'on laisse entrer le public à l'orchestre et les pingouins officiels se pressaient au premier. On aurait dit un concert de rock, c'était désopilant.

Après quoi, le film sortit et fut un bide absolu. Dommage, ils étaient formidables ! Il est cocasse de penser que ce film marquera les débuts de la carrière de Claudie au cinéma tout en sonnant le glas de la mienne.

1988. Vivant depuis quelques années aux États-Unis, c'est lors d'un casting pour un film publicitaire que je tombai sur un jeune Portoricain de dix-huit ans.

Il s'appelait Benicio del Toro, il était beau comme un dieu et passait ses journées dans un cours de théâtre. Je le choisis aussitôt pour ce spot vantant des jeans destinés à la Suède. Fait rarissime à Hollywood, il refusa, prétextant qu'il était venu poussé par son agent. Je l'invitai aussi sec à déjeuner dans un snack cubain nommé Le Versailles.

Il n'avait pas d'argent, mais sa fierté d'acteur lui dictait de ne pas faire de publicité.

« Qu'est-ce que ça peut te faire ? C'est pour la Suède. Avec cet argent, tu pourras vivre un an ! » lui dis-je de mon ton le plus persuasif.

« *After all, you're right, it's like sending a letter to the moon* » (Après tout, t'as raison, c'est comme si j'envoyais une lettre sur la Lune), me répondit-il d'une voix poétique.

Nous tournâmes ce spot.

Plus tard, je l'emmenai à Barcelone jouer dans un clip antidrogue et, dans la foulée, j'écrivis un long métrage pour lui à réaliser en Louisiane.

Ce film est le plus grand regret de ma vie. Pendant huit ans, avec Yannick Bernard, un producteur à l'aventureuse générosité, entre New York et Los Angeles, nous avons tout tenté, vu tout le monde.

Le scénario racontait le voyage à travers le sud des États-Unis d'un émigré cubain clandestin engagé par une chanteuse de blues à la poursuite d'une vengeance. Il était portoricain et inconnu, j'étais un Français anonyme. Et, pour parfaire le tableau, l'autre rôle devait être tenu par une Noire aveugle. J'avais réuni tous les éléments pour un film infaisable. Et pourtant, c'était bien.

Tout compte fait, en m'accordant sa confiance, Yannick m'a fait le plus beau des cadeaux puisque, grâce à lui, je n'ai peut-être pas fait le film mais, ce qui est certain, c'est que pendant dix ans j'ai fait du cinéma.

Un jour, au bar du Beverly Hills Hotel, je me trouvai assis à côté d'un producteur hollywoodien faisant face à un jeune metteur en scène désireux de lui vendre une idée.

« *So what is your project about ?* » (De quoi parle votre projet ?), dit l'homme au visage de cachalot.

Et ce jeune homme, émule du Film Institute of Los Angeles, dont l'adolescence avait sûrement été bercée par Godard, Truffaut et Cassavetes, résuma son envie de film de la façon suivante :

« *Well, we're talking teenagers, sea and surf, tits and ass, PG 13 !* »

Ce qui signifiait qu'il s'agissait d'une histoire d'adolescents (donc marché capital), qu'il y aura de la plage et du surf, des seins et des culs, et que ce ne sera interdit qu'aux moins de treize ans.

« *OK ! I like that !* » répondit le producteur.

Ce jour-là, j'ai compris que je ne serai jamais un cinéaste américain.

Depuis, je n'ai plus touché au cinéma. J'ai seulement réalisé quelques portraits pour la télévision, des portraits de Dutronc, évidemment, je ne vois pas mieux à faire.

Finalement, pour un type censé être photographe, j'aurai passé ma vie à tenter de réaliser des films.

La patinoire Molitor en 2003.

Jours de France

Avril 1956

Il est de bon ton, ces temps-ci, de proclamer que l'adolescence est la pire des périodes de la vie.

Pour rien au monde je ne la revivrais, disent-ils dans les talk-shows. Sans doute. Mais ce sont des adultes, ils ont plus de certitudes que de regrets.

Pourtant, moi, j'en ai des souvenirs qui ne m'ont pas quitté, des bouffées de bonheur, des sucreries du cœur.

À la patinoire Molitor, il y a cette beauté qui tourne en rond sans rien dire à personne. C'est l'hiver à Paris et la clarinette de Sidney Bechet distille l'écho de *Si tu vois ma mère* sous le ciel qui menace.

Je suis avec « la bande », des jeunes gens bien élevés d'une bourgeoisie française à l'avenir tout tracé. Bien que je ne les comprenne pas, je suis heureux d'être accepté. S'ils évoluent sur la glace, ce n'est pas pour l'amour du sport, c'est juste pour « peloter ».

Toucher le corps des jeunes filles est le but ultime de leur journée.

Les voilà qui entourent la beauté comme un essaim de mouches et toutes leurs mains s'agitent sans souci de ses cris. Il y a un rouquin trop petit pour prendre part à la fête, le duvet voletant sur sa lèvre supérieure laisse présager une maturité que je n'ai pas encore.

De me voir planté là, timide et inutile, le met hors de lui. Indiquant le groupe qui entoure la fille, il me crie :

« Eh bien ! Pelote ! »

Je ne sais pas si c'est la crainte de le décevoir qui m'incite à le faire, mais je tends le bras dans le magma mouvant sans le quitter des yeux. Il jubile.

À cet instant précis, la bande s'éparpille et je reste seul sur la piste, ma main maladroitement plaquée sur le sein de la belle. Elle me pousse, toute colère, et pendant que je tombe en croix, j'entrevois les plaisirs qu'elle ne tardera pas à me donner.

Avoir seize ans par un après-midi de printemps et être aux Champs-Élysées, avec dans ma poche un billet de cent francs que je tiens bien serré. L'ange blond assis à la table du Pam-Pam, dans un pull ras du cou bleu pâle boutonné à l'arrière, jette un œil distrait à *Jours de France*, un journal pour adultes. La paume de ma main n'a jamais oublié la chaleur de son sein à travers la douceur du cachemire.

Un vieux de quarante ans en costume prince-de-galles lui caresse une mèche, il croit qu'il peut l'avoir parce qu'il est riche, le pauvre.

Mais c'est moi qu'elle attend pour aller chez Lido Musique écouter dans une cabine la chanson *C'était moi* de Gilbert Bécaud. Le patron me connaît. Il froncera les sourcils parce qu'on reste trop longtemps à faire semblant de regarder la pochette.

Puis, dans le Cinéac, je guetterai avec impatience le moment où Julie Harris embrasse James Dean ; je connais bien la scène, je l'ai vue dix-huit fois.

Alors je poserai ma main sur la sienne et elle tournera ses lèvres vers les miennes, nous aussi nous serons *À l'est d'Éden* pour un court instant de cœurs battants. Avant que le jour baisse, nous prendrons l'autobus 43.

Elle descendra avenue de Madrid et moi rue du Bois-de-Boulogne.

Et, en longeant la mercerie, je serai tellement fier de ma journée.

Avant que d'être mort, j'aimerais bien devenir adulte pour ne plus regretter.

Johnny Hallyday

Tournée d'été

1er septembre 1967

J'aimais bien les tournées d'été. Ce sentiment jubilatoire de travailler pendant que les autres sont en vacances. L'arrivée à l'hôtel au milieu des familles rentrant de la plage. Ce soir, c'est une journée de moins, demain, pourvu qu'il fasse beau. Nous, on s'en fout, on vit la nuit.

La tournée de Johnny Hallyday touche à sa fin. Nous sommes depuis plusieurs jours sur la Côte d'Azur, c'est-à-dire dans un nid de filles prêtes à tout pour s'approcher de lui et de boîtes de nuit à sa dévotion où, impérial, il tient généreusement table ouverte pour les légions de profiteurs de la région et les cohortes de pique-assiettes. Ils sont en nombre ; pour certains, profiteur, c'est un violon d'Ingres, un métier ou une urgence, ça dépend des modèles.

Ils ont des phrases pour ça, et puis des attitudes, des sourires accrochés. Au restaurant, ils attendent qu'il commande pour prendre le même plat, dans le but de montrer qu'en toute chose ils sont proches de lui, que l'osmose va se nicher jusque dans les papilles. Quoi que Johnny leur dise, ils éclatent de rire, au cas où.

Un verre, une tape dans le dos, on est de la famille. Lui, il le sait. Parfois, il en coince un et dit : « Ce n'est pas drôle ! » Tout désarçonné qu'il est, le courtisan. D'autant plus que Johnny le fixe comme il aime à le faire, alors l'autre regarde alentour pour que le jeu s'arrête.

Il ne comprend pas bien, cette nuit pourtant ils étaient comme des frères, une bouteille en commun, Johnny lui disait tout, ses joies, ses tristesses, il se confiait à lui dans le coin VIP sous le regard des autres. C'était chaud, tous ces yeux qui chuchotaient tournés vers leur table, ils auraient aimé être à sa place. Il se sentait important, conscient de sa position nouvelle, sa vie changeait. Elle devenait unique, un peu comme dans les journaux. Même tout seul dans la rue, il se voyait différent. Être l'ami de Johnny, ça devait se voir, comme un halo, une enseigne au néon ou quelque chose dans le genre.

Mais Johnny modifie la donne. « Ce n'est pas drôle ! » répète-t-il, le front buté. Collé au mur comme une punaise, il ne se souvient même plus de la phrase, le profiteur, il avait ri d'avance, il n'écoutait même pas, trop émerveillé de sa situation nouvelle, et, tandis que Johnny s'éloigne, il se retrouve seul au milieu de ceux qui n'ont pas d'histoire et qui se détournent pour se moquer en douce, prêts à prendre sa place. Ça tient à pas grand-chose, d'être de l'entourage, un mot de trop suffit.

Moi, c'était différent, j'avais le beau rôle, j'étais le photographe, le copain des copains, j'étais verni. Et puis j'avais Françoise, qui me conférait une popularité imméritée, je faisais le journal, mais j'étais aussi dedans. À moi l'imposture et ses colliers de privilèges.

Ma première rencontre avec Johnny remonte à juillet 1962. J'avais rendez-vous chez lui, avenue Paul-Doumer. L'homme qui m'ouvre la porte est un homosexuel un peu méprisant.

Il me prend par le bras en le serrant très fort comme pour attester d'une masculinité qui se veut péremptoire. Il me fait traverser des pièces aux moulures bourgeoises chauffées à blanc par le soleil. Puis nous pénétrons dans une chambre sombre où il m'intime l'ordre de patienter. Les bruits de l'extérieur sont étouffés par d'épais rideaux, j'attends sans bouger.

Au milieu de la pièce, je distingue maintenant un lit de trois mètres de large au moins. Au centre de ce luxueux radeau, il y a les cheveux blonds de Johnny en plein sommeil.

Sans faire de bruit, je m'assois sur une chaise de science-fiction.

Des vêtements traînant par terre fuse un puissant parfum d'eau de Cologne. Je ne suis pas particulièrement timide, mais c'est quand même la première fois que je me trouve dans la chambre d'un inconnu endormi. N'osant sortir, je reste un long moment assis, m'offrant ainsi des crampes mémorables. J'aime l'idée que nos routes se croisent et, bien que je ne le connaisse pas, il m'étonne déjà. Il est blond, je suis brun. Il chante et moi je le regarde. Il n'a pas de père, alors que j'en ai deux.

Tiens, le voilà qui bouge. Il se réveille très vite et aussitôt s'assoit sur le rebord du lit. Il lève les yeux vers moi, nullement surpris par ma présence, puis il attrape une cigarette sur la table de nuit et me dit calmement : « T'as pas du feu ? », comme si on se connaissait depuis toujours. Je n'allais plus le quitter durant douze ans.

Déjà il me fascinait. J'étais quand même en face de l'inventeur du rock français ! Alors que j'en étais encore au jazz, il avait sur moi une longueur d'avance. (D'aucuns vous diront que c'est le contraire. Vieux débat.)

Ce qui justifiera par la suite la place que je lui avais choisie sur cette fameuse photo des quarante-neuf chanteurs dont on ne cesse de me chanter les louanges depuis bientôt quarante ans. Pour le centième numéro du journal, je ne sais plus qui avait eu l'idée de réunir toutes les années 60 sur une même image.

J'en fis aussitôt mon caprice, ils devaient tous être présents, il n'y aurait pas de montage. Le 12 avril 1966 à quinze heures, j'attends ce petit monde au studio de Roland de Vassal, rue des Acacias.

Il a fallu envoyer un avion privé à Johnny pour qu'il puisse échapper à sa tournée d'hiver. Limousines, billets de train, l'organisation fut élyséenne. Ils arrivent un à un et s'agglutinent devant un buffet en regardant le décor. Il s'agissait de gradins posés contre un mur de briques que Régis Pagniez et moi avions peint dans la nuit. Prévoyant la difficulté de ne vexer personne, j'avais laissé une échelle sur la dernière marche, comme si un dernier coup de pinceau manquait à une lettre du sigle SALUT LES COPAINS. Richard Anthony, Claude François, Antoine, il y avait quand même là pas mal d'ego justifiés au mètre carré, et j'avais intérêt à faire preuve de doigté. Tous pénétraient dans la pièce, c'était impressionnant à voir.

France Gall et Michel Berger ne se connaissaient pas encore. Françoise, Eddy Mitchell, Sheila, Adamo, et Gainsbourg, égaré, qui se demandait sans doute ce qu'il faisait là. Seul manque Frank Alamo, retenu à l'armée. J'ai toujours regretté que cette photo n'ait pas eu lieu six mois plus tard. Il y aurait eu Dutronc, Michel Polnareff, Julien Clerc et Michel Sardou. Dommage.

J'installe tout le monde sur les gradins, virevoltant, disant des blagues pour tenter de faire diversion quant à l'obsession du placement qui gagne l'assistance. Dans ce genre de photo, tout le monde veut toujours être devant, le deuxième rang étant considéré comme un camouflet et le troisième comme une insulte.

J'ai souvent eu l'occasion de le constater, car depuis il ne se passe pas une année sans qu'un journal me demande de faire l'image d'un groupe en souvenir de celle de 1966. (Je vais finir ma vie photographe de mariages, ou bien j'irai immortaliser les classes dans les écoles de l'Aveyron, je me vois déjà, avec mon petit tabouret…)

Lorsque Sylvie et Johnny arrivent, je les installe tout en haut, créant ainsi un frisson d'incompréhension sur l'éventail des hiérarchies.

Après avoir demandé à Johnny de s'appuyer à l'échelle, j'insiste pour qu'il monte d'un cran sur un des barreaux, prétextant que je le vois mal, alors qu'il dépasse déjà tout le monde de trente centimètres. Lorsque les flashes partent, le problème est réglé.

Johnny est au-dessus du lot, ce qui, sans mépris aucun, me semblait normal. L'avenir m'a donné raison.

Mais en 1967, ce soir à Juan-les-Pins, Johnny n'a pas fermé l'œil depuis quarante-huit heures. Et lorsqu'il sort de scène, les cheveux blonds plaqués au visage par la sueur, il entre dans sa loge et me dit :

« Viens, on va à Tarbes ! »

Si vous prenez le temps de regarder une carte, vous verrez que, de Juan-les-Pins à Tarbes, la route n'est qu'une succession de nouilles sur six cents kilomètres. Jeune et inconscient, j'accepte.

Et nous voilà partis en trombe dans sa rutilante Lamborghini Miura.

Conçu comme un sarcophage de pharaon, ce bolide a l'agressivité d'un fauve. Je suis allongé, les fesses à dix centimètres du sol, les jambes sous un réservoir d'essence qui m'arrive à la taille. Sous ma couette de kérosène, je suis une momie éberluée, mon sort n'est plus entre mes mains.

Derrière ma nuque, raidie par la contrainte, il y a une vitre à travers laquelle le moteur pistonne à dix centimètres de mon cervelet. Tout ça tient du miracle, un mobile de Calder lancé à trois cents à l'heure.

Et au volant, ce cher Jo, bien décidé à ne négocier ni avec les virages ni avec les feux rouges. Cette nuit, qu'on se le dise, la route n'est qu'à lui seul !

Or nous sommes maintenant le 1er septembre, et il faut voir le spectacle d'une Lamborghini filant à deux cent vingt kilomètres-heure lors d'une nuit de retour de vacances. Et, à cette vitesse, la vision frise l'attraction de foire du Trône : à gauche, il y a un mur de voitures collées les unes aux autres ; à droite, de grands champs vides, lunaires, calmes comme l'éternité.

Johnny n'en a cure, les maxillaires bloqués, comme son pied sur l'accélérateur, sa tête est déjà à Tarbes, son cœur est à Sylvie et sa mort à James Dean. Quant à mes miches… Elles sont bien là et elles n'en mènent pas large.

Une nuit entière à enfoncer des deux pieds un frein imaginaire, et la main crispée sur une poignée de porte, ça vous rabaisse les prétentions d'un homme.

Au petit matin, en pleine campagne, c'est l'heure du café dans le troquet du village.

Formica et tartines beurrées, à la radio on entend Patricia Carli miauler « *Arrête, arrête, ne me touche pas ! Je t'en supplie, aie pitié de moi…* ». Accroché au bar depuis son ouverture, l'habitué du comptoir repose son énième verre de blanc de ses doigts qui tricotent. Son pantalon a fait les champs, sa chemise date de la guerre. Il est un peu plié, mais debout.

Ses yeux fixent le fond du verre qui touche à sa fin, il va les relever pour en avoir un autre. Tirant sur sa gauloise, il parle au mur sans voir les ombres alentour, il ne boit pas, il tète.

Plus loin, le petit gros aux cheveux collés fait son tiercé. C'est qu'il transpire déjà du morceau d'espoir qu'il s'achète pour pas cher à heure régulière. S'il le touchait, son tiercé, il changerait tout. Sa vie et le reste. La belle virée qu'il offrirait à sa famille.

Ou bien il la plaquerait, c'est selon. À lui la grande vie, les amours, les paquebots. Il ferait le tour du monde avec Dario Moreno.

La patronne monte le son du poste, on rediffuse Maurice Biraud. Elle aime bien, c'est moderne. La boulotte en gigote d'avance.

À une table, une madone qui ne fut jamais jeune écarte d'un index distrait les miettes d'un croissant mou. Campée sur son quant-à-soi, elle se laisse bercer de rêves antinomiques. Elle aimerait du désordre sous sa jupe en vichy. Mais du respect aussi. Ce va-et-vient contradictoire la cloue depuis toujours. Même ici, où il y a longtemps qu'on ne prête plus attention à son visage de future laide parce qu'elle n'osera pas quitter cette ville dans laquelle on ne fait que passer.

Enfin, il y a le Johnny de la région et son blouson maladroit. Le visage accablé par le rôle qu'il se donne, à lui seul il représente le rock, la jeunesse, la révolte, le danger.

Il règne en maître sur sa mobylette d'occasion, pétaradant devant les jeunes filles, affolant les poules. Sous un plumet gominé, son masque de sosie pâlit lorsque soudain la porte s'ouvre. Catastrophe sidérale : c'est le VRAI JOHNNY qui entre.

Dans son costume de soie noire, celui-ci traverse la pièce sous l'œil interloqué de ces gens du matin.

Ses yeux brûlés par trop de projecteurs parcourent la pièce sans la voir. Il est comme l'apparition irréelle d'une soirée folle qu'ils ne vivront jamais.

Pourtant, il est aimable, normal, et le moindre sourire, une simple poignée de main, de sa part tout devient spectacle. Il n'en est pas conscient, il vit sa vie, il a fait son travail, et maintenant c'est l'heure d'un petit café, c'est tout.

Depuis qu'il a seize ans, il évolue en marge du monde en épousant les rôles que lui quémandent les regards des autres. Sorte de catalyseur des envies des gens sans histoires, il est sur terre pour les surprendre, c'est sa fonction.

Jojo Mobylette hésite sur la stratégie à suivre. Doit-il lui passer la main dans le dos comme une vieille connaissance, ou bien marquer son territoire, l'agresser pour faire date ? Il le regarde en coin, par en dessous comme à l'Actor's Studio, mais sans trop savoir s'il maîtrisera la suite.

Johnny connaît la scène, il les a vues mille fois, ces terreurs de quartier qui le provoquent toujours pour exister un peu. Au-delà de la fumée froide des gitanes maïs et des relents de boudin pommes en l'air percent déjà les miasmes d'une certaine fureur de vivre.

Trop tôt pour la bagarre, alors il vient vers lui et lui serre la main comme à un ami perdu de vue. Le guerrier devient mouton, le sourire prêt à toutes les connivences. Trop facile, Johnny se détourne.

La madone ne bouge pas de sa place. Elle lui demanderait bien un autographe, ou même un sourire, mais elle n'ose pas. Elle n'ose jamais. C'est pourquoi elle ne monte pas à Paris ou ailleurs. Elle restera là, bien assise, comme tous les matins, punaisée de projets, de rêves assassinés.

L'exubérante patronne du bar, hésitant à parler à Johnny, s'accroche à moi pour que j'intercède afin qu'il vienne voir « la petite ». Johnny lui sourit pour me libérer.

Au bout d'un couloir pâle, une porte. La matrone la pousse sans ménagement aucun.

Une ampoule nue au plafond dispense une lumière blême sur le papier peint qui se décolle d'ennui. Tous les murs sont recouverts de photos de Johnny. Beaucoup étant de moi, je suis impressionné.

Lui ne les voit pas, il s'allume une autre gitane.

La dame secoue énergiquement l'épaule d'une enfant de treize ans qui dort.

« Muriel, Muriel, regarde qui est là ! » dit-elle avec des trémolos dans la voix en arrachant une photo du mur.

Elle la tend à Johnny pour qu'il la signe. Il s'assoit sur le lit en souriant calmement à la môme qui cherche à sortir du sommeil.

« Bonjour, Muriel », lui dit-il en griffonnant un autographe.

La petite croit rêver. Il est trop grand dans la pièce.

Depuis des mois, elle a rendez-vous avec son idole dans « Salut les copains ». Tous les jours, à cinq heures pile, elle s'évade de son monde pour n'écouter que lui sur son Teppaz pied-de-coq.

Où est-il ? Que fait-il ? Et sur le lit à fleurs de sa chambre de fillette, il est là, irréel, très gentil cependant.

Nous sortons de la pièce en laissant la môme tétanisée, les bras en croix sur le poster signé, enserrant la désormais sainte relique.

Retour dans la voiture. On retrouve l'odeur de cuir de luxe flirtant avec l'omniprésente eau de Cologne.

Dehors, dans la lueur de l'aube, le Johnny du coin frémit au premier coup d'accélérateur de la bête, laquelle aspire en

Johnny sur les murs de la chambre de Muriel.

une bouffée autant d'essence que sa Motobécane en une semaine. Il a serré la main de Sa Majesté. Désormais, pour les vingt kilomètres à la ronde, il est estampillé du label des rebelles, sa vie est changée pour toujours.

Le nez collé à une affiche de Suze, la madone observe derrière les vitres du bar la fin de cette scène qu'elle n'oubliera jamais.

Tandis que la voiture démarre, je vois la petite Muriel qui sort sur le trottoir en triturant sa chemise de nuit. Les yeux mouillés, elle contemple le monstre noir qui s'éloigne comme s'il lui glissait des mains.

Au sol, il ne reste plus que des traces de gomme, seule preuve tangible de ce songe éveillé.

Puis à nouveau la route et sa file de voitures qui nous regarde passer, jusqu'au virage flanqué de cette hypothétique flaque d'huile, laquelle propulsera le bolide à cent soixante chrono contre le tronc d'un arbre qui n'attendait que ça.

Je l'ai vu venir, cet arbre, pointant le doigt vers moi tandis que la voiture se lovait autour de lui.

M'extrayant du pare-brise que j'avais allègrement traversé, j'aperçois Johnny de dos, qui, d'un pas hésitant, s'éloigne de l'engin.

Il titube, ombre noire, fantôme du matin, et c'est alors que je réalise qu'il est en train de vivre sa mort.

Naturellement, c'est en cinémascope. Il fait un ou deux pas de plus, puis met un genou en terre, bascule sur le côté, s'affale sur le dos, et, pour finir, ses bras retombent en croix, moitié bitume, moitié gazon.

Johnny va mourir. Minutage parfait, moment hautement cinématographique. Elia Kazan n'aurait pas fait mieux, James Dean peut aller se rhabiller. C'est une mort en direct pour quiconque veut la voir. Un spectacle que nul ne saurait manquer. Ni les voyageurs qui freinent d'excitation, ni les lapins qui se raidissent, les oreilles tendues, aux aguets.

Le vent s'arrête, les arbres se penchent, l'épervier là-haut amorce un virage pour être aux premières loges. La tête dans la rosée, les yeux bleu roi de Johnny balaient le ciel jusqu'à l'oiseau qui plane. Opérant un ralenti, l'élégant volatile se fige, tout comme la nature dans son ensemble qui paraît rendre hommage au travail de l'artiste.

Il ne peut pas en être autrement : où qu'il soit, c'est une scène et au centre il y a lui, Johnny, celui qui va mourir.

Pendant ce temps, à quatre pattes dans l'herbe, mon film à moi est beaucoup plus français. Il n'intéresse d'ailleurs aucunement la horde des vacanciers qui descend des voitures, se précipitant sur Johnny pour être au premier rang.

Car pour eux, c'est bien de spectacle qu'il s'agit. Ce n'est pas tous les jours qu'on voit mourir une star. Enfin debout, je réalise que je suis couvert de sang. D'ailleurs, suis-je encore vivant ? Ou bien suis-je le spectre transparent d'un charmant garçon recroquevillé dans ce fouillis de tôle ? Je me retourne pour voir. Il n'y a plus personne.

C'est donc bien moi, ce pantin poisseux d'hémoglobine qui tourne en rond, sidéré d'être là. Ma main tâte mon front, mon doigt touche l'os, c'est indolore, humide, comme le crâne d'un autre. La panique me gagne. Ce fin visage qui plaisait bien aux dames, serait-il remodelé, méconnaissable, comme repeint sous le pinceau déchaîné d'un barbouilleur aviné ? Une cicatrice béante avec des cheveux autour ?

Je m'approche de la foule en pleine organisation. Pour un peu, ils vendraient des saucisses et des tee-shirts souvenir.

Une mère de famille me rassure : « L'arcade sourcilière, ça pisse toujours beaucoup ! » me dit-elle vite fait avant de replonger dans la meute. Sauvé ! Mon visage n'est donc pas sorti d'un tableau de Bacon. J'ai presque envie d'éclater de rire.

Mais l'inquiétude me gagne, dans quel état Johnny est-il ?

J'avance dans la mêlée, arborant ma plaie comme un coupe-file, lorsque je l'aperçois au sol, les bras en croix, vivant les dernières images du film. Évidemment, sur l'instant, loin de moi toute idée d'en douter, sa mort est bien réelle.

La crainte d'entrailles enchevêtrées me retourne le cœur, j'ai le flash d'une vision steak tartare tordu par un volant vicieux. Pourtant mes yeux voilés de rouge ne distinguent nulle marque de blessure extérieure, mais je connais l'animal : chez ces gens-là, je sais bien qu'on meurt en portant beau. Revoit-il toute son existence ?

J'y crois tout comme lui, jusqu'au moment où, entrouvrant un œil, Johnny revient à la vie.

Il s'assoit et réalise presque avec déception qu'il n'a rien. C'est alors qu'il me voit, penché vers lui, sanguinolent, impressionnant sans doute, spectaculaire sûrement. Impossible donc, on ne chamboule pas ainsi la distribution des rôles sans prévenir.

Instinctivement, en un dixième de seconde, il change d'histoire, de personnage, de scénario. Il est toujours James Dean, mais bien vivant, et, comme à la fin de *La Fureur de vivre*, me voilà dans le rôle de Sal Mineo, sur le point de mourir.

Il se lève, écarte la foule d'un geste et, moi qui étais très bien debout, il me couche, retire son blouson et m'en recouvre. C'est tout juste si je n'ai pas une chaussette rouge et une bleue (voir la fin du film).

Bref, en un quart de seconde il a renversé la situation.

Lui revit ; quant à moi, il serait presque de bon ton que je meure.

Mon sens de la courtoisie ayant ses limites, je décline l'invitation.

Pompiers, police, le brancardier me laisse un peu la tête en bas pour obtenir un autographe de Johnny, lequel obtempère sans me lâcher des yeux.

Je n'ai qu'une obsession, prévenir mon père. Réflexe des plus judicieux puisque, au journal de treize heures, Europe n° 1 annoncera que j'ai péri dans l'accident.

Le soir même, Johnny est sur scène, le spectacle continue.

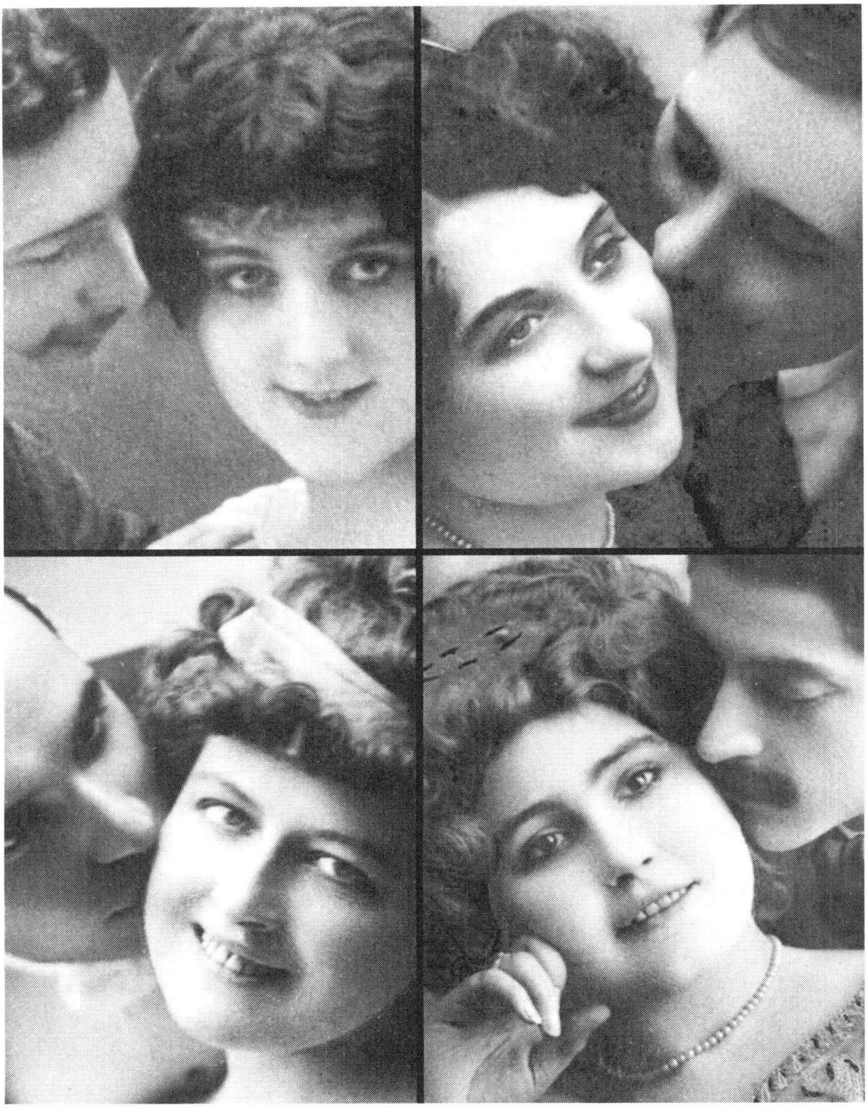

Toujours l’amour.

Happy birthday !

1er février 2002

Feu rouge. Évidemment, c'est par hasard que nos regards se croisent, tout agrippée qu'elle est au bras de son futur. Dans ses yeux, on peut lire un soupçon de victoire, elle le tient bien, l'oiseau, il est fait comme un rat. Bien calé derrière le volant de ma torpédo, je les laisse traverser sur le passage clouté. Et voilà que m'étreint le récurrent désespoir que me provoque parfois la vision d'un amour de la rue.

Et ils s'embrassent en plus, en pleine ville, devant des enfants peut-être... Est-ce que c'est un exemple ? Allez faire ça chez vous, ou sous une porte cochère ! Tous ces microbes échangés dans un baiser mouillé, leurs pupilles qui se tètent, inondées d'un bonheur insultant. Je veux du malheur, moi, des divorces, des avocats, des phrases désagréables, du rassurant, quoi. Pour l'instant, ils trottinent emmêlés, certains d'avoir raison. Propres et tout ils sont. Loden et trench, genre vélo en été, à l'île de Ré bien sûr. Ça va s'épouser catho, avec larmes et reniflements dans les travées derrière, sermon grotesque et le toutim. Et toi, benêt béat, tu souris comme un niais ébahi d'avoir trouvé l'amour. Mais tu verras, mon grand : après Venise, ils seront longs, les week-ends à te traîner chez Ikea, feignant d'avoir un avis qu'on te demande à peine.

Ensuite, il faudra le monter, l'objet, tu les maudiras, les ouvriers suédois, d'avoir glissé dans la boîte des graphiques abscons munis de clés qui rigolent en t'abîmant les doigts. Tout ça pour t'asseoir après beaucoup d'efforts sur ce qui n'est rien d'autre qu'un canapé moderne, somme toute un peu court. Tu auras droit aux soirées avec ses copines, il faudra être au niveau et tu ne seras pas dans le coup. Tu devras faire le beau, jouer à l'exceptionnel, pendant que ça couinera en évoquant les hommes. Les autres, ceux-là qui sont toujours comme tu étais avant. On testera ta réaction avec des regards en coin, c'est pervers, les amies d'enfance, ça jalouse l'épousée, un peu, comme ça, en douce. Ça glisserait bien un petit coin de bois dans l'histoire, pour consoler après.

Et les voilà qui passent maintenant devant mon pare-brise. Il la tient par la taille comme si c'était sa chose.

Si j'osais, je lui dirais tout de suite qu'il va droit dans le mur. On t'en fera visiter du trente-cinq mètres carrés, poutres ap et kitchenette. Tout ça pour te retrouver avec une pizza molle sur les genoux dans ton projet de salon. Elle grattera le fond de son yaourt aux pommes saveur Tatin et s'étonnera, mutine : « Elle est pas belle, la vie ? » (Pour moi, rien que cette phrase, déjà, c'est un appel au meurtre.)

Après l'amour, elle susurrera : « À quoi tu penses ? », signe que l'étau se referme.

Ta télé trop petite sera posée à même le sol. Tous les jeunes couples mettent la télévision par terre.

Et un jour, la tête un peu penchée, elle regardera d'un œil humide une présentatrice en fin de parcours vanter les joies d'une gymnastique prénatale. Ce jour-là, tu es cuit, tu t'apprêtes à en prendre pour cinquante ans de panique. Avec des sages-femmes pressées au ton méprisant.

Des tantes que tu ne voyais jamais se découvrent tout à coup indispensables. Il faut les voir penchées de dos sur le berceau, ça regorge de conseils, une tante, c'est mielleux en fin de vie, c'est inimaginable ! Tu te retrouves sur des marches, à ton bras ta belle chancelle. Ce n'est plus tout à fait ta femme maintenant, c'est une maman, une impératrice du vivant, il va falloir filer doux.

Mustela, Mitosyl, les paquets de couches énormes. Tu verras, ce n'est pas gros, un bébé, mais ça prend toute la place...

STOP ! Là, il faut une pause, car il n'y a rien au monde que j'aime autant qu'un nourrisson. Les petits doigts si fins, les cuissots bien ronds, la dangereuse fontanelle. Les grands yeux qui s'accrochent pendant le biberon de quatre heures du matin. On est fier et pas fier, on est terrorisé, on est le roi du monde. Moi, si je le pouvais, je volerais tous les bébés.

Mais très vite ça se gâte. Après, il y a les écoles où l'on te jugera mal. Et puis les vacances qu'il faut prévoir toujours. Te voilà assis sur une plage bête, avec des couples autour, comme toi. Ça y est, tu es dans la norme. Des filles passent, que tu n'oses regarder, tu sens qu'on te surveille.

Le sable dans tes oreilles, le livre de l'été et cette putain de page que tu relis pour la cinquième fois, en guettant le danger des vagues où ton petit bonheur s'amuse.

Tout ça pour finir un jour devant un juge archiraisonnable qui te conseille d'attendre, de bien réfléchir aux conséquences de ton acte, alors que tu sors d'une nuit blanche pour célébrer la chose.

« Il n'y a pas d'amour heureux. » Il ne les a pas volés, ses droits d'auteur, l'Aragon !

Et d'ailleurs, elles m'ennuient à périr, leurs histoires d'adultes.

Du nourrisson à l'adolescent, dix-huit ans pas plus, ça je veux bien. Après soixante-cinq ans jusqu'aux limites du cacochyme, je suis preneur. Peter Pan ou Léautaud, voilà mes limites. Mais épargnez-moi les obsessions de bonheur de ceux dans la trentaine (*J'ai un problème avec mon couple !!!*) avec leurs pannes de sens, leur mal de dos, leur besoin d'irrationnel, leurs hantises de l'orgasme. Arriver dans la vie, être le plus malin, affirmer son homosexualité, cotiser à la Matmut, être le plus fort, le plus riche, s'insérer dans la société, préparer sa retraite, se faire un petit nid, être prudent, « on ne sait jamais ».

Sans compter les généreux, un petit billet vert par-ci, une petite pièce jaune par-là, l'humanitaire en sautoir, les concernés par le monde, la conscience tranquille. Troupeau à psys, fretin béni pour les donneurs d'espoir.

Du reste, elle est très récente, cette obsession du bonheur, un siècle pas plus. Avant, on vous parlait passion, terreur ou bien survie. Encore une idée américaine, ça, le bonheur, fourgué avec les frigidaires et les machines à laver.

Le petit couple s'éloigne pendant qu'on me klaxonne. Est-ce de les voir de dos qui d'un coup me chamboule ? J'aimerais le rattraper, l'oiseau, revenir en arrière.

C'est idiot de balancer comme ça des ondes négatives. Je n'y crois plus, c'était pour rire ! Tu veux la voir, ta vie sans elle ?

Tes balades dans les rues la nuit, tes dîners entre potes ou chacun paie sa part. Ton zapping qui te mène, hébété, jusqu'au petit matin à contempler des simplets pêchant des truites dans des rivières idiotes.

Tes confidences de boîte de nuit quand ton non-moi chagrine.

Tes petites courses au marché dont tu as tellement honte que toujours tu achètes pour deux. Non qu'il y ait de l'espoir, mais pour éviter le regard de la bouchère pendant qu'elle t'emmaillote ton entrecôte.

« Un bel homme comme vous... »

Pour un peu elle se dévouerait, la mère, elle t'offrirait un peu de plaisir, comme ça, pour rien, ça dérange, un type seul, ça sent l'étriqué, l'inutile, le vacant.

Même la tristesse vaut mieux.

Et sois reconnaissant envers les femmes qui t'auront fait souffrir, pendant ce temps-là, au moins tu étais vivant. Sinon les jours s'évaporent, à peine tu te lèves le matin et, boum, tu te prends PPDA dans la figure.

Tiens, je t'envie au fond, tu n'as que des projets, toi, tu marches sur coussin d'air. Et qu'y a-t-il de mieux que de ressembler à l'avenir d'une autre ?

Hélas, je crains qu'il ne soit passé pour moi, le temps des « jamais » et des « toujours ». Or, sans ces deux mots-là, l'amour n'est pas vraiment l'amour.

Si au moins j'avais le tact de m'amouracher d'une femme de mon âge. Mais non, chaque fois il faut que je pygmalionne, et l'écart de nos âges éclaire ces mots d'une couleur différente.

Je n'y peux rien, moi, si j'ai le cœur qui pouponne.

Comment aurais-je pu imaginer qu'un jour j'aurais soixante-deux ans.

Happy birthday...

Ma pomme et la Grosse Pomme.

Les mensonges de Frank

Ça tourne ? Vous l'entendez, le bruit de la caméra ?
MOTEUR !
POLO LOUNGE, INTÉRIEUR JOUR.
ACTION ! Il est cinq heures au Polo Lounge du Beverly Hills Hotel. Dans ce temple rose vif des tractations hollywoodiennes, GROS PLAN sur votre serviteur, en smoking blanc et lunettes noires, alangui sur un canapé de cuir bordeaux. Dans un coin, PLAN LARGE sur Monty Clift, un peu éméché, pleurant sur l'épaule d'Edward G. Robinson.

Me faisant face, GROS PLAN sur Kim Novak. De ses lèvres jadis mutines, elle m'assomme une fois de plus du ronronnement de son lassant babil. Il y a pourtant des lunes que notre amourette est finie. Moi aussi, je chéris le souvenir de nos dernières étreintes. Il est vrai que ce matin-là, dans sa baignoire, je fus très performant, peut-être à cause de la vision stimulante des mouettes tournoyant dans le ciel bas de Big Sur que l'on voit à travers l'immense baie vitrée de sa salle d'eau. Il faut savoir tourner la page, ma grande.

Pour l'instant, j'attends de pied ferme celui qui, de vous tous, est le plus responsable. Le coupable principal de mes rêveries d'enfance. L'addition est lourde, il va la sentir passer, le vieux ! Mouvement de foule, quelques gardes du corps investissent l'endroit, signal subtil que mon client approche.

TRAVELLING LATÉRAL. Je traverse la pièce, dédaignant d'un geste la main d'Ava Gardner qui tente de me retenir.

Encore pieds nus ? Cependant, je te l'ai déjà dit, Comtesse, cela ne se fait pas quand on sort dans le monde.

Lové sur le comptoir, PLAN AMÉRICAIN sur un James Dean au sourire souffreteux me chuchotant au passage que je perds mon temps, c'est gentil de sa part, mais c'est inutile. Il garde encore en mémoire la raclée que je lui infligeai lors de notre premier meeting.

Le voilà enfin qui entre, ce cher « *Old Blue Eyes* » de Frank.

GROS PLAN. Je bondis et l'attrape par les revers de sa veste en madras fatigué, puis je le plaque au mur contre une photo jaunie de Paul Newman assis sur un toit brûlant.

ARRÊT SUR IMAGE : la salle se fige, mais qui est donc ce *Frenchie* qui maltraite ainsi Mr Sinatra ?

Ce dernier repousse d'un geste le mafioso impatient de me faire ma fête. Il a compris que c'est du sérieux, Frankie, que si je suis venu jusqu'ici, c'est pour venger une génération, des millions d'adolescents auxquels il a menti en toute impunité.

Come fly with me. Évidemment, mon pote, devant la carlingue du Super Constellation que tu nous invitais à prendre d'un sourire impitoyable, nous t'avons cru. Nous les avons gravies, les marches vers tes Amériques. Et tête baissée encore.

Trop facile de nous faire avaler que, lorsque tu descendais du bus en tenue militaire, Shirley MacLaine t'attendait comme un torrent de tendresse, et non pas la voisine du coin. Tu nous as persuadés que, là-bas, un ami ressemblait forcément à Dean Martin.

Quand tu rentrais chez toi, c'était toujours le printemps sur la Cinquième Avenue. Le portier galonné, généralement noir et affable, te saluait d'un bon mot connivent.

Ton appartement était toujours immense et une bombe atomique mamelue t'attendait en te cajolant aussi sec un double bourbon. Au fond, évidemment, il y avait une terrasse ouverte sur Central Park, et lorsqu'elle venait t'embrasser en faisant tinter les glaçons, c'était sur fond de ville scintillante. De plus, il ne pleuvait jamais sur Sinatraland.

Et même lorsque tu traînais au comptoir du côté de Chicago, le barman bienveillant adossé aux images de boxeurs les avalait, tes lamentations.

Jamais tu ne me les rendras, mes nuits à me rougir les yeux en t'écoutant miauler à tes amours perdues. Sur les pochettes de tes disques, tu étais toujours seul, le chapeau en arrière, le costume impeccable, elle avait l'air enviable, ta solitude à toi.

Que reste-t-il des rêves de l'Amérique que tu m'avais vendus ? Ce n'est pas joli de mentir ainsi, et en technicolor en plus...

COUPEZ !

Moi, quand je débarquai le 1er janvier 1980 avec mes deux valises, on n'avait pas subi un tel hiver depuis 1948.

Un mètre cinquante de neige et pas un taxi. Le meublé que j'avais loué était au centre du Flower Market. Flower, je m'étais dit, ça va être gai, ça sentira bon.

Ma fenêtre donnait sur un mur de briques, la vieille dame du dessous détestait les Français et, si j'avais le malheur de faire tomber un peigne, elle accourait aussitôt, ses yeux de bufflon injectés de zéro négatif, prête à me broyer l'encéphale à coups de termes juridiques abscons. Il n'est pas inutile de savoir que, là-bas, ils affectionnent les procès un peu comme les Français aiment le camembert.

Mes voisins du dessus, un couple d'homosexuels, gentils mais d'une connerie vertigineuse, passaient nuit et jour de la musique brésilienne pour camoufler leurs aboiements de plaisir, ceux-ci accédant parfois à des stridences insoupçonnées.

J'ai horreur de la musique brésilienne.

Les seuls à New York à vouloir à tout prix me tenir compagnie, c'étaient des cafards de cinq centimètres, pas méchants mais assidus. Quand ils en avaient marre des égouts, ils venaient faire un tour dans mon appartement.

Pendant un temps, avec mon associée Susan, je fis le tour des boîtes de production.

Après les breakfasts au Pierre avec des voyous déguisés en élégants, et les lunches au Cirque avec des « créatifs » d'agences au discours convenu, je finissais toujours seul le soir chez Hatsuhanna à malaxer ma solitude entre deux sushis tièdes.

Les kilomètres à pied dans les rues pleines de gens vides succédaient aux rues vides pleines de gens. J'y étais enfin, en Amérique, mais le cœur n'y était pas, je l'avais laissé quelque part en consigne du côté de la France.

Heureusement, trois mois plus tard, un contrat dûment négocié avec la Columbia pour faire des films publicitaires et je m'installai à Los Angeles.

Au début, l'excitation d'être dans cette ville et d'y être accepté me procura une des plus grandes joies de ma vie. Installé dans mon bungalow du Château Marmont, je respirais un air d'orangers que la mort de John Belushi n'avait pas encore pollué. Je travaillais pour la maison de production de Tippi Hedren, la blonde fétiche de Hitchcock, laquelle possédait un ranch à cent kilomètres de la ville, une savane inventée peuplée d'une colonie de lions d'Afrique.

L'argent que je lui faisais gagner en vantant un quelconque mou pour chat servait à affréter des wagons de barbaque pour nourrir ses cent cinquante bestioles.

Bientôt, dans ma maison de star de Mulholland Drive, je goûtai aux plaisirs d'une réussite américaine d'autant plus savoureuse qu'elle n'était pas vraiment méritée.

À gauche, j'avais Charlton Heston ; à droite, Jack Nicholson et Marlon Brando. Je ne les ai jamais vus, bien sûr, mais rien que l'idée, ce n'était déjà pas mal.

Étant un des premiers metteurs en scène publicitaires français à l'heure de la mode européenne, tout m'était possible. En ce temps-là, tout ce qui venait de chez nous était bien vu. Les vins, le charme, la mode, il était de bon ton de nous ressembler.

J'en veux pour preuve ce couturier de Rodeo Drive, le coin commercial le plus chic de la ville, dont l'efficace inculture frisait la poésie. Il avait appelé son magasin : « Yves St. Tropez ». Le tout en un, ça c'est du marketing ! Et les Rolls déversaient des ribambelles d'épouses décolorées, avides de dépenser des fortunes dans ce qu'elles considéraient comme le temple du concentré français.

On me payait grassement rien que pour être présent, une fois de plus la chance me prenait par le bras.

Dans les agences, on m'accueillait comme le messie. Des gens dont j'admirais le travail depuis des années buvaient mes paroles. Je les soupçonnais d'accorder du génie au moindre de mes propos, parce qu'ils ne comprenaient pas un mot de ce que je disais.

Et comme je n'entendais rien non plus à leur charabia, cette incompréhension mutuelle engendrait un respect des plus productifs. Il faut dire qu'on me donnait des *storyboards*, à savoir des petits dessins primaires qu'il suffisait de mettre en images mouvantes.

On me traitait comme un roi, les moyens mis à ma disposition n'avaient aucune limite, comme souvent là-bas lorsqu'on est *successful*.

Je me souviens d'un film de trente secondes sur une bière, pour lequel on avait construit un décor reconstituant une discothèque, une boîte énorme dans laquelle évoluaient une centaine de figurants autour de deux groupes de chanteurs noirs, les Platters et Kool and the Gang.

Les premiers marchaient au scotch et les autres à la coke. Ma direction d'acteurs était donc des plus approximative, tout ce petit monde se détestant cordialement.

Mais le plus amusant, c'est qu'à la fin du film un taureau, un vrai, entrait dans la pièce en faisant voler en éclats un sculptural mur de verre. C'était le clou du film.

Les musiciens voulant rester à New York, je tournai trois jours avec eux dans des studios de la ville.

Quant au taureau, il coulait des jours paisibles à Los Angeles et, par contrat, ne pouvait pas voyager. Prêts à tout, les avocats du coin, même une mite peut prétendre aux boucliers procéduriers. Qu'à cela ne tienne. Toute l'équipe m'accompagna en Californie où le décor de night-club fut reconstruit à l'identique.

Et je fus payé « rubis sur l'ongle » pour rester dans un fauteuil une journée entière afin simplement de crier « Action ! » avec un aplomb dont même Cecil B. De Mille eût été jaloux.

Au bout d'un couloir à bestiaux, un habile dresseur balançait une décharge électrique dans les parties les plus sensibles de mon acteur bovin, lequel, rendu fou de rage, défonçait le décor dans un fracas spectaculaire. Trois fois dans la journée, ses rognons subirent des outrages répétés de cent dix volts et tout le monde rentra chez soi une fois le bar en miettes et le taureau sous puissants sédatifs.

Je flirtais avec les marques les plus prestigieuses, mais les monceaux d'argent ne calmaient pas ma mauvaise conscience. Mon fils Paul à dix mille kilomètres de moi, j'étais *guilty*.

Hors le confort personnel, la publicité m'offrait une existence absurde faite de sourires faux à des malins terrorisés au cours de réunions insipides durant lesquelles je m'endormais, littéralement. Le décalage horaire n'y étant pas pour rien. Je me regardais jouer le jeu des publicitaires. Comme eux, j'étais coincé par les dollars faciles, moi aussi je rêvais d'une vie plus sincère, nous n'avions surtout pas grand-chose à nous dire. J'avais plus de connivence avec les coyotes qui, tard dans la nuit, traversaient mes collines. J'étais anéanti de vacuité.

Attention, loin de moi l'idée de cracher dans un potage qui fit vivre ma famille durant des lustres, je ne valais pas mieux, mais ces années là-bas me laissent quand même un goût de temps brûlé.

Pourquoi n'eus-je jamais un vrai ami américain ? Mes seules relations étaient françaises, anglaises, italiennes ou polonaises.

Par ami, j'entends quelqu'un qu'on peut appeler POUR RIEN, sans être aussitôt suspecté d'intentions arrivistes, voire mercantiles.

Parfois, le matin dans les bureaux d'une agence, je tentais l'expérience. En me croisant, quelqu'un lançait :

— *Hi ! How are you ?*

— *Very bad...*, je répondais.

— *Oh great !* disait-il en s'éloignant.

Attentif, le mec.

En Amérique, pour ne pas être seul, il faut être italien, juif, chinois mexicain, philippin, gabonais, irlandais, écossais, allemand, esquimau, papou, ou albinos. Le Français loin de chez lui ne forme pas une communauté. Il se retrouve de temps en temps entre Gaulois, cuisiniers et vendeurs de jeans pour dire du mal du pays, de Paris, de sa politique et de ses impôts ridicules.

« Ah ! on est mieux ici… »

C'est le thème général. Un peu comme au temps des colonies.

Pourtant, incontestablement, j'avais ce qu'il est convenu d'appeler la belle vie. Des sommes conséquentes me filaient entre les doigts, au grand dam de mes comptables successifs.

Force est d'admettre que, sur ce terrain, il m'a toujours manqué une case dans le cervelet. Les prudences financières les plus élémentaires m'étant étrangères, toute conversation d'argent me donnait le sentiment de jouer au Monopoly. Lorsqu'un comptable, un banquier ou un conseiller fiscal se penchait sur mon cas, je voyais bien qu'il se creusait la tête dans le seul but de structurer les choses, ma reconnaissance était d'ailleurs sans limites, mais je m'ennuyais à mourir. Bien que conscient de la pertinence de ses propos, assis dans son bureau comme un collégien, je n'avais qu'une seule idée, qu'il arrête de parler !

Comment même osait-il me demander de justifier mes notes pharaoniques de restaurants, les bouteilles de tequila vidées en Concorde à deux mille à l'heure, les trois cents disques achetés d'un seul coup chez Tower Records, les limos tapis rouge, les suites somptueuses dans des palaces ?

Comment ne voyait-il pas qu'il était inutile de puiser dans l'arsenal infini de plans d'épargne, d'assurances, de retraites en tout genre que le système américain déposait à mes pieds ? Ça ne m'intéressait pas. Les yeux rivés sur la fenêtre, je n'attendais que le moment où je pourrais partir. Il m'était impossible, voire inconvenant, de lui expliquer que j'aurais lestement balancé tout ça aux orties pour un solo d'Eric Clapton. J'ignorais la prudence, et sur ce plan il n'y a aucun espoir, je ne changerai jamais.

Le sommet fut atteint quand ma productrice me mit entre les mains d'une société de gestion pour multinationales. Leur building de Los Angeles montait jusqu'au ciel, c'était une fourmilière dévouée à l'épanouissement de holdings monstrueux du style Ford, Coca-Cola ou Disney.

Moi, je voulais juste savoir comment payer mes impôts.

Dans une salle ornée de toiles de maître, me voilà donc assis face à un ayatollah du business international en Cerruti parfumé orné de deux paires de lunettes. Une sur le front, et une autre pour me lancer des regards de kriss malais.

Il est accompagné d'assistants au crâne bourré de concentré de jus de Harvard, un falot muni d'un bloc-notes et un boutonneux près d'un tableau, feutre en main. Le stratège aux lunettes innombrables se lance dans une diatribe sur des solutions à tiroirs auxquelles je ne comprends rien. Adémaï au pays de la finance.

Dans son flot torrentiel de combinaisons stratégiques, je perçois les mots Bahamas et îles Caïmans.

Comme je me permets de lui glisser que je voudrais juste régulariser ma situation aux États-Unis, il marque un temps et me fixe avec des yeux de phoque.

« Vous êtes étranger, mais vous voulez payer des impôts ? » me demande-t-il avec effarement.

Je me fais tout petit dans le fauteuil, alors il se lève et, sans dire un mot, passe le ballon à ses associés, lesquels se lancent dans une série de graphiques abscons censés représenter mon avenir pour mon plus grand désarroi.

L'expérience durera un an, me coûtant des tombereaux de dollars, uniquement parce que je n'étais pas foutu de remplir une feuille d'impôts.

Les films se succédaient, de réunions abstraites en tournages luxueux.

Cette vie était vide et j'étais en train de le devenir.

L'écœurement fut à son comble le jour où je pénétrai dans une agence de San Francisco, un bâtiment futuriste style méduse en colère concocté par Frank Lloyd Wright un soir de délire opiacé.

Dès l'entrée, le sol est si lisse qu'on pourrait le lécher sans prendre le moindre risque. Derrière un bureau mou en forme de haricot vert, une beauté siliconée m'accueille en frétillant, je suis français, ça se voit, et c'est encore à la mode.

À cet instant, un bouchon de champagne traverse la pièce et vient se coller dans l'échafaudage de sa coiffure tourmentée, des heures de boulot ruinées en un quart de seconde !

Des cris de joie sortent d'un hall adjacent : « On a le budget, on a le budget ! » Un géant nostalgique de Woodstock sort en mimant James Brown, un « créatif » forcément.

Il est suivi d'un « commercial » en Armani, catogan calamistré et portable collé à l'oreille, plus que bronzé par des années de « Porsche Targa décapo », lui aussi essaie de danser, mais mal. Une femme dans la quarantaine cachant des siècles de frustration sexuelle sous un sourire crispé apparaît dans l'encoignure et, telle une diva chauffée à blanc, elle hurle au plafond : « On l'a, le budget du sida ! » Jackpot. Dans ses yeux, on peut voir trois oranges. Les monceaux de dollars qu'ils allaient se faire sur des gens bientôt morts. Quelle chance d'être un pion sur l'échiquier de cette *land of opportunities* !

La honte m'envahit. J'étais comme eux, depuis des années je contribuais à porter au pinacle des articles que je méprisais.

Un jour, j'ai regardé la liste des campagnes auxquelles j'avais collaboré. À deux ou trois exceptions près, je n'avais vanté que du poison.

Mon dernier contrat me liait à une production des plus étranges.

Elle appartenait à des mormons de Salt Lake City. Des barbus au risorius laborieux, tout de noir vêtus, avec semelles compensées, une apparence austère destinée à camoufler une hypocrisie fondamentale.

Parallèlement aux films publicitaires, ces papes de la pruderie religieuse faisaient tourner à plein régime une maison de production de films pornographiques. Un délire de viande triste pour frustrés de l'Arkansas. La misère absolue. Associé à des ambidextres de la moralité, j'étais le paravent de leurs consciences.

Pour les besoins d'un tournage, je débarquai en compagnie d'une dizaine de personnes de New York, pour faire un repérage dans l'Utah, le berceau de la mormonerie mondiale, dans le but de promouvoir un quelconque déodorant aux fleurances hawaïennes.

Mes associés voulant absolument nous accompagner dans leurs montagnes, je me retrouvai à deux mille mètres au milieu de nulle part, avec une flopée d'ashkénazes du Connecticut et quinze mormons en tenue de trappeur. Le but de ce voyage était de chercher l'emplacement idéal pour filmer le produit, une petite bouteille aux allures post-modernes, sur le vert prometteur de l'herbe de l'Utah.

Entourés d'un cirque de montagnes trois fois grand comme les Alpes, les membres du groupe se disséminent dans les prés afin de découvrir le morceau de gazon idéal.

Oubliant la majesté du lieu, les voilà tous à quatre pattes à la recherche d'un lopin d'herbe de trente centimètres carrés.

Coincé dans cette situation surréaliste, je me sentis plonger dans un abîme d'ennui. Je ne sais quelle mouche me piqua, mais de me voir avec vingt-cinq cinglés dans ce décor de rêve provoqua dans ma boîte crânienne un claquage de fusible des plus incongrus.

Je les arrêtai net au milieu d'une plaine et, indiquant d'un doigt assuré un trou dans le sol, je leur déclarai tout de go :

« Et maintenant, je vais baiser la montagne ! » (En anglais : *Watch me now, I'm gonna fuck the mountain !*)

Et devant leurs yeux ahuris, j'allai m'allonger sur l'herbe en martelant le sol de coups de reins vengeurs.

Ce fut la fin de mon intermède mormon.

Je vous l'accorde, ce n'est pas exactement la marche à suivre pour « booster » une carrière aux États-Unis d'Amérique. Du reste, elle prit fin aussi vite qu'elle avait commencé. J'en sortais ruiné comme toujours. Dieu merci, ma vie pouvait recommencer.

POLO LOUNGE, INTÉRIEUR JOUR.

MOTEUR. ACTION !

TRAVELLING AVANT : Il est tout piteux maintenant, Frank Sinatra.

Je relâche mon étreinte, mais pour finir, avant que la pitié me gagne, je lui balance une gifle sur la droite, *One more from the road*, suivie d'une autre sur la gauche, *And one for my baby*.

Et je m'éloigne d'un pas sûr, sous les applaudissements de tous les adolescents de France, avec l'indicible sentiment du devoir accompli.

COUPEZ !

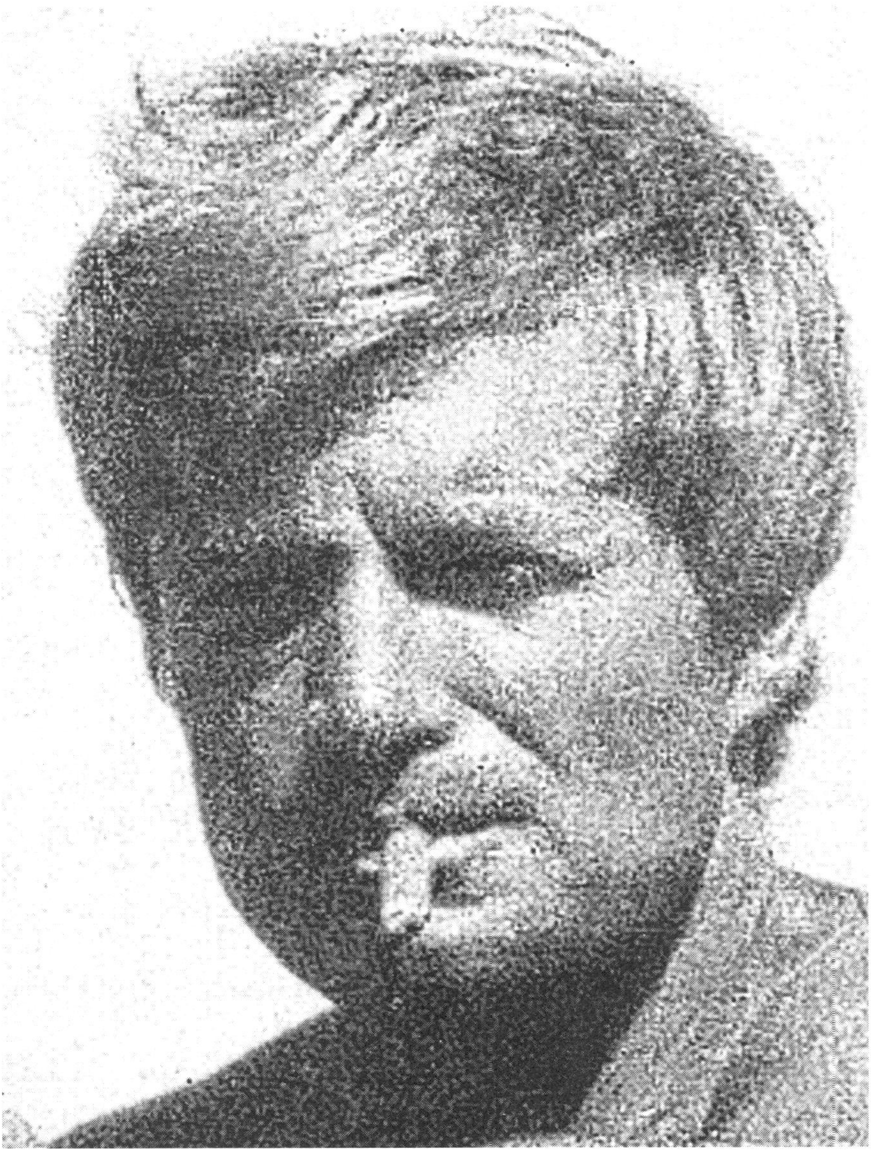

Paul Gegauff

Paul Gegauff

Années 1970

La première fois que je rencontrai Paul Gegauff, c'était dans le salon de mon ami, l'antiquaire Alain Demachy. Alain partageait avec Georges Delorme un grand appartement avenue Montaigne, dans lequel tout n'était que raffinement, courtoisie et plaisirs partagés.

On y croisait entre autres Charles Matton, Zouzou, Jean-Paul Goude, Claude Chabrol, Haïdé Politoff ou Maurice Ronet, il y régnait la chaleureuse douceur d'un Paris aujourd'hui disparu. Alain vivait avec Marianne Haas, laquelle se trouvait être mon assistante. Suisse allemande, aussi gaie que jolie, son accent prononcé trahissait ses lacunes de la langue française.

Ce travers nous menait parfois à des situations rocambolesques.

Si je lui demandais de trouver un « salon » pour les besoins d'une photo, elle comprenait « wagon » et me louait aussitôt un train entier, avec locomotive et tout le toutim ! Ses erreurs de langage me donnaient du talent, c'est ainsi que je photographiai Sylvie Vartan enchaînée sur des rails devant une locomotive lancée à toute vapeur. Puisque je disposais d'un train, autant s'en servir…

Un soir donc, un peu avant le dîner, Alain ouvre la porte et me présente Paul Gegauff. Je vois un homme très beau, les cheveux blancs, un visage de guerrier teuton, des yeux rieurs et quelques rides soulignant un sourire généreux.

Me tendant cordialement la main, il me déclare aussi sec :

« Bonjour, garçon… Je vous signale que vous êtes en présence du seul homme au monde qui peut se targuer d'avoir montré son cul au président des États-Unis ! »

Ça démarrait bien. Et de continuer :

« En effet, alors que je me trouvais à Malibu chez mon ami Pitou de La Salle, je partis un après-midi dans les dunes de la plage en compagnie d'une charmante Noire d'Afrique. Un corps inoubliable. Et tandis qu'à même le sable je la BAISAIS (dans sa bouche, ce mot prenait une ampleur biblique), l'hélicoptère de la Maison Blanche apparut dans le ciel. Attiré certainement par la BEAUTÉ de nos nudités, il ralentit son vol et descendit pour jouir d'un meilleur point de vue sur nos fougueux ébats. C'est ainsi que je fis à Monsieur Nixon le cadeau du spectacle de mon postérieur, bien qu'il ne le méritât pas. »

Paul était en compagnie de sa femme Danièle, une petite brune ravissante qui écoutait ce discours sans sourciller. Je me pris de passion immédiate pour ce personnage hors du commun.

Scénariste de Chabrol (*Que la bête meure*, *Les Cousins* et les sublimes *Bonnes Femmes*), de Rohmer (*Le Signe du Lion*) ou de René Clément (*Plein Soleil*) depuis les années 50, il mettait son incroyable culture au service de cet art qu'il trouvait sympathique bien que mineur, mais qui présentait surtout l'avantage de lui permettre de vivre comme un grand bourgeois du XVIIIe siècle avec l'élégance d'un dévoyé.

Comment définir Paul Gegauff ? « Zadig dans un boudoir », me suggère Bob. Pour ne pas perdre la face, je fais semblant de comprendre, mais c'est trop littéraire pour moi.

Passionné par les encyclopédistes, de Voltaire à Rousseau, d'Alembert ou Diderot, il était le dernier d'une race réservée à lui seul.

Dilettante fêtard, l'honnêteté d'un voyou, cachant ses dons multiples sous une fausse paresse, il était, à l'instar de mon grand-père Jacques Porel, de ces hommes pour lesquels ce que l'on est surpassera toujours ce que l'on fait. Anarchiste des sentiments, à un journaliste se renseignant sur ses idées politiques, il répondait : « En tant que fidèle disciple de Lénine et de Marx, je défends et je milite pour la classe de la société à laquelle j'appartiens. C'est-à-dire la bourgeoisie. »

Il habitait dans une très belle demeure à Vauréal, une maison de notaire avec jardin potager et pelouse en friche descendant jusqu'aux rives de l'Oise. Le matin, après le petit déjeuner, il bêchait son potager, puis se rendait en cuisine afin d'y préparer les sauces pour le dîner du soir. Après le déjeuner, il jouait du piano, surtout des sonates de Beethoven auquel il vouait un culte infini.

Ensuite, il écrivait durant trois heures divers scénarios plus ou moins alimentaires et enfin vers sept heures, au coucher du soleil, il débouchait sa première bouteille de bordeaux.

La vraie vie commençait alors, quand tout ce que Paris compte de gens brillants débarquait pour le souper du soir.

Au début, je fus très étonné de la tendresse dont Paul me fit cadeau, car dans le marigot de l'intelligentsia parisienne, venant du groupe Filipacchi, je représentais tout ce qu'il fallait fuir. Des journaux à succès, de la musique bruyante, j'étais quand même le digne représentant de l'inculture ambiante. Bien au-dessus de ça, Paul n'en avait cure, cela explique pourquoi, lorsque je le lui présentai, il tomba immédiatement dans les bras de Johnny Hallyday.

Pendant les trois années où, dans sa maison, j'eus droit à ma chambre, je goûtai à nouveau les joies d'une famille inventée.

Avec Maurice Ronet, Christian Marquand et d'autres, la plus grande joie de Paul consistait à échafauder des plaisanteries, voire des bêtises dont l'inutilité le mettait en joie. Une nuit, à Vauréal, ils allèrent dans le jardin déterrer les restes du squelette de l'ancienne propriétaire des lieux, dont le portrait trônait dans le salon. Ils l'installèrent ensuite sur une chaise devant la télévision, car, disait Paul : « Il est inconcevable que cette dame à qui nous devons tant de gaietés ne connaisse pas les charmes de cette invention moderne. »

Sans cesse habité par le plaisir de choquer, il frisait parfois le mauvais goût avec jubilation.

Pendant une année, il habita chez Johnny Hallyday dans sa maison de Grosrouvre, près de Montfort-l'Amaury. Sur le terrain des frasques et des excès, ils étaient comme des frères, leur entente fut immédiate.

Un matin, les journalistes d'un grand quotidien poireautaient depuis bientôt deux heures dans le salon du bas, en vue d'une interview avec Johnny pour la promotion d'un disque.

L'attaché de presse en était à son deuxième paquet de gauloises lorsqu'il aperçut Paul Gegauff en pyjama au hasard d'un couloir. N'osant déranger notre gloire nationale de peur de perdre sa place, il demanda à Paul d'intercéder en sa faveur. Une demi-heure, c'est tout ce qu'il demandait pour satisfaire ces fleurons de la presse française. En ce temps-là, les journaux prenaient un malin plaisir à se moquer de Johnny, voire à le salir. La nuit ayant été longue, ce dernier n'était pas pressé d'accorder du temps à des gens qui, il le savait, s'empresseraient de lui sourire en face afin de mieux le descendre dès qu'il aurait le dos tourné.

Il pria donc Paul de trouver une idée, une excuse, n'importe quoi pour faire partir ces gens.

C'est ainsi que, sous les yeux effarés de l'attaché de presse, Paul apparut en haut des escaliers vêtu d'un rutilant uniforme d'officier nazi de la Luftwaffe.

Après un salut en bonne et due forme, Paul hurla à l'assemblée (en allemand) :

« Dehors, triste vermine ! Mes yeux ne vous voient pas, je vous conchie ! Mieux, je vous annule ! »

Outrés, les journalistes prirent la porte et, comme l'attaché de presse apoplectique lui demandait s'il était devenu fou, Paul lui répondit, royal :

« Tu connais un meilleur moyen pour faire fuir le monde, toi ? »

Arrivant derrière lui torse nu, Johnny lança un sourire faussement désolé à l'employé de la maison de disques, l'air de dire : « Il est imprévisible, je n'aurais peut-être pas dû lui demander… »

Paul Gegauff appartenait à un temps qui n'est plus où des gens s'adonnaient à des actes gratuits, souvent cyniques, sans public pour les voir, pour la beauté d'un geste ou d'un rire de plus. Qu'est-il advenu de l'énergique fantaisie de ce Paris-là ? Où sont-ils donc passés, tous ceux qui voulaient secouer l'arbre ?

Vers le début des années 70, diverses drogues vinrent dévier l'atmosphère de Vauréal. C'était le début de la fin.

Littéralement obsédé par la mort, qu'en bon athée il ne pouvait concevoir, il la bravera sans cesse à coups d'expédients divers. (Il est le seul homme que j'aie vu boire du LSD à la boîte Kodak.)

Voilà une drogue qui m'aurait bien tenté mais, à cause de la mort de mon frère Jean-Pierre, j'ai toujours décliné l'invitation. Parfois, ce n'était pas simple ; en tournée avec les Stones ou les Beatles, même chez Gegauff, je restais celui qui refuse la petite boîte magique.

J'ai tellement vu de mes amis trop gais finir en salsifis ou se prendre pour un oiseau sans jamais redescendre. Tant pis, je ne connaîtrai jamais les joies des visions distordues des substances psychédéliques.

Samouraï jusqu'au bout, Paul mourra quelque part en Norvège comme il avait vécu, c'est-à-dire par pure provocation, lui qui disait qu'il aimait tant dormir parce qu'il savait qu'il allait se réveiller.

Assis devant la télévision, je regarde les nouvelles.

Celles d'aujourd'hui, celles du siècle suivant. Les catastrophes défilent et c'est alors que je réalise qu'il ne se passe pas une journée sans que Paul Gegauff me manque.

À vous aussi, d'ailleurs, mais vous ne le savez pas.

Les violons de l'espoir.

Mariages et conséquences

1975, 1984

Le mariage, je suis pour.

Je sais, c'est illusoire, mais d'abord halte aux prudences, et quitte à faire une bêtise, autant la faire à fond. Jusqu'à ce jour, j'ai aimé cinq femmes et j'aurais voulu toutes les épouser. (Jusqu'à ce jour, vous les entendez, les violons de l'espoir ? Ça miaule, c'est pas humain !) Seulement deux de mes amours-toujours-pour-la-vie-etc. ont accepté.

Il paraît que je vais trop vite. Faute à l'imagination.

Il m'est même arrivé, rien qu'en serrant la main d'une femme, de visualiser toute l'histoire à venir jusqu'à son épilogue fatal.

« Bonjour », dit-elle, et ça démarre en accéléré dans ma petite tête :

Premier baiser, nous sommes fous d'amour. Elle est vénézuélienne, je vais vivre au Venezuela. Son père ne m'aime pas beaucoup, mais on se marie quand même. On vit dans une hacienda en pleine nature. Elle veut un garçon, je veux une fille. Bien sûr, on a un garçon. Elle a envie de travailler, on retourne vivre en ville. Je me retrouve à garder l'enfant. Elle me trompe avec un peintre suisse. On divorce. Je rentre à Paris.

Retour sur terre : elle est devant moi, le visage grimaçant.

« Ça ne vous dérangerait pas de me lâcher la main ? » dit-elle.

C'est alors que je réalise que je la connais à peine. Elle prend peur et s'enfuit.

C'est exact, parfois je vais trop vite, je n'y peux rien si je sais tout de suite. Pourquoi perdre du temps ? Par stratégie ?

Comment peut-on être stratège face à quelqu'un qu'on aime ?

Il me semble que la moindre des élégances exige d'être maladroit.

Mariages

Le jour du mariage, la promesse solennelle, les projets d'avenir et puis la fête aussi…

Avec Nathalie, ma première femme, nous étions partis seuls, loin en terre étrangère. Une cérémonie civile à Los Angeles et un mariage religieux au Mexique. En général, il suffit de traverser une rue pour passer de la mairie à l'église, nous, il nous fallut trois jours en décapotable, ça n'a l'air de rien, mais ça fait des souvenirs.

Lorsque nous arrivons à Cuernavaca, il faut voir la tête du concierge quand on lui demande s'il connaît un curé susceptible de nous marier. Branle-bas de combat, le directeur, le barman, les jardiniers, tout le monde cherche. Finalement, c'est en nous installant dans la *bridal suite*, une chambre perchée dans les arbres, que la femme de chambre nous indique un curé, un type très gentil, nous dit-elle, mais « *muy especial* ».

Dans les faubourgs de la ville, près d'une petite église en crépi blanc, nous rencontrons un jeune prêtre en effet étonnant. Il a l'air fatigué par des luttes inconnues, mais il sourit quand même.

Entre son mauvais anglais et mon espagnol imprécis, la conversation vire à l'étrange.

« À cause de mes idées politiques, je suis très mal vu du Vatican », nous annonce-t-il en préambule.

Il observe un silence, craignant peut-être de notre part une réaction négative. Nous aimons bien son visage et si le pape ne l'aime pas, franchement, nous, on s'en fout.

« Je veux bien vous unir, mais j'ai besoin de temps, revenez dans une semaine. »

Que croit-il, que nous ne sommes pas sûrs ? Nous décidons d'une date. Je le revois dans mon rétroviseur, debout sur les marches, nous regardant partir en agitant la main.

C'était magnifique, entre le mariage de Los Angeles et celui à venir, nous ne fîmes rien d'autre que nous épouser pendant quinze jours.

Le jour J, nous arrivons tous deux de blanc vêtus dans cette chapelle isolée, hors du monde, loin de tout visage connu.

Des femmes émues aux larmes nous accueillent en nous félicitant dans un charabia attendrissant. Lorsque le prêtre parvient devant l'autel, il se racle la gorge et sort ses lunettes. Et c'est alors que lentement, dans un français studieux, il commence son office.

C'était donc pour cela qu'il nous avait demandé du temps, pour apprendre à dire phonétiquement sa messe dans notre langue.

Poète, l'abbé.

C'était très émouvant, ce type récitant des psaumes dans un vocabulaire qu'il ne comprenait pas pour deux personnes qui, de toute façon, n'étaient pas croyantes. Mais on ne riait pas, nous étions trop émus par la musique de ses mots et par sa leçon d'élégance.

Mon second mariage, avec Véronique, eut lieu à New York.

Elle était française évidemment. Je vivais aux États-Unis depuis cinq ans, mais mon cœur était voué à l'importation. Se lier à une Américaine étant à mon sens une pure folie.

Pas assez de mystère, les femmes de là-bas sont trop enclines à ne rien vous cacher, prêtes à étaler leurs inquiétudes au moindre remugle intestinal. « *We ought a have more fibers for breakfast, Jean-Marie, or prune juice may be, IT HELPS !* » Sexy comme un jogging.

Sans parler du spectacle de leur gymnastique du matin, qu'elles se font un plaisir de vous faire partager.

Non, moi j'épouse français, c'est du sûr.

Ne pouvant lui offrir les frissons d'un hymen religieux (on ne peut pas mentir à Dieu, même si on n'y croit pas), j'optai pour une cérémonie sur le yacht que Roosevelt s'était fait construire pour ses meetings secrets. Il était à quai dans le sud de Manhattan.

Un *preacher* nous maria près du bateau à dix-neuf heures, puis on passa la soirée en compagnie d'amis à dîner sur le pont en faisant le tour de l'île au soleil couchant.

La ville s'allumait devant la nuit montante, c'était somptueux. Sur ce yacht magnifique, tout en acajou, conçu pour que Roosevelt et Churchill fomentent des coups bas au général de Gaulle, il n'y avait que du bonheur. Nous avions le sentiment de venger la France, même le bateau avait l'air content.

Le mariage, c'est mon truc.

On devrait le refaire tous les ans, une sorte de contrat renouvelable, avec la même personne bien sûr. La peur de perdre l'autre consoliderait bien des unions, il y aurait moins de divorces.

Et puis, dans cette époque de cynisme où il est de bon ton d'être « contre », de se lever le matin pour dire « non », c'est tellement merveilleux de dire « oui » à quelqu'un.

Après quoi, évidemment, on change de symphonie. On est censé être sage, l'heure est au pragmatisme.

Sagesse et sens des réalités

Dans le Petit Robert, elle est plutôt succincte, la description.

Sagesse : *Connaissance juste des choses ; « Parfaite connaissance de toutes les choses que l'homme peut savoir » (Descartes).* Il est gentil, Descartes, mais je ne vais pas aller loin avec ça.

Réalité : *Caractère de ce qui est réel, de ce qui ne constitue pas seulement un concept, mais une chose, un fait.* Me voilà bien avancé, merci les gars. On se retrouve au bar pour en parler.

Conséquences

Comment faire lorsque l'on a le sentiment de ne rien savoir et que chaque jour apporte son lot de questions ?

Comment faire lorsqu'on est un rêveur que le réel désarme ?

Comment faire quand on aime se marier sans posséder les qualités d'un époux ?

Comment faire quand on adore ses enfants, mais qu'on n'est pas un père ?

J'aime quelqu'un pour la vie, mais comment passer sa vie avec quelqu'un ?

J'aime les femmes enceintes, il n'y a rien de plus beau, mais comment assumer les accouchements ?

À ce propos, ne comptez pas sur moi pour lui tenir la main. Il paraît même qu'il y a des cinglés qui filment. Par pitié, pas de détails, je ne veux rien savoir, ça doit rester un miracle.

Désolé, mais il vous faut donner le jour sans moi.

Pendant un accouchement, vous me trouverez au bar, en bon lâche hypocrite.

Et les scotchs se suivent, jusqu'à l'état second où je peux prendre livraison de notre paquet-cadeau.

À New York, le jour où mon Arthur est né, je remontai jusqu'à l'étage où avait lieu « le travail ».

L'œil légèrement vitreux et la jambe un peu molle, pendant que les portes de l'ascenseur s'ouvraient, j'entendis ma beauté de Véronique en train de hurler. Pourquoi ? Pour accélérer le mouvement peut-être ? Je n'ai même pas réfléchi, mon doigt a pointé le bouton « rez-de-chaussée » en moins de temps qu'il ne faut pour le dire. Retour au bar aussi sec, le patron était ravi, j'étais un bon client.

Mais rassurez-vous, dès qu'il est dans mes bras, le nourrisson devient le centre de mon monde, je fonds, je ne suis qu'une guimauve. Vous pouvez me le confier pour les six mois suivants, les biberons, les bouillies, je suis le roi des langes.

Papa

Quand on est un papa, il paraît qu'on est censé faire de l'éducation.

Fais pas ci, fais pas ça, j'ai beau essayer, les phrases ne sortent pas. J'ai laissé le mode d'emploi dans la boîte.

Mon père m'a donné un exemple et des souvenirs, alors je reproduis.

Et puis vient le casse-tête de l'école. Ayant redoublé deux fois, arrêté en troisième, je n'ai même pas le certif. Ce sujet, avec mes enfants, c'est simple, je l'évite. Leurs cahiers sont une énigme, leurs questions des trous sans fond. Heureusement, parce que leurs mères les ont bien élevés, ils ont le tact de ne jamais m'en parler.

La seule fois où j'allai à une réunion de parents d'élèves, c'était pour mon fils Arthur. Je n'avais pas fait deux mètres dans la cour du lycée que j'oubliai aussitôt mon rôle pour retrouver celui du cancre de ma lointaine jeunesse.

Ils étaient là, les profs, chacun derrière un bureau, bien posés sur leur quant-à-soi.

« Il a du potentiel votre enfant, mais il ne fait pas assez d'efforts ! »

Il est beau avec ses conseils, lui. J'étais exsangue à force de le ronger, mon frein.

« Des efforts, pour quoi faire ? Pour se farcir le mental de choses inutiles ? Mais je le bénis, mon gosse, je suis de son côté, les fesses au chaud sur le radiateur du fond, je chante la Carmagnole ! Je nage la brasse indienne dans ses envies d'ailleurs, si vous voulez savoir. J'en ai eu moi aussi, des culottes courtes, et je n'y ai jamais rien compris, à vos cours de géo.

« De quel droit un type derrière une mauvaise table se permettait de me donner des ordres ? Apprenez-lui au moins le tango, dites-lui comment faire rire une femme ou ne pas mettre la langue trop tôt, enfin, des trucs utiles ! Ce n'est pas votre rayon, c'est ça ? Alors, qu'il foute le feu à votre putain de classe et qu'il vous peigne la tronche en rouge aussi, avec une plume dans le derrière comme au Lido. »

Je sentais bien que mon discours intérieur n'était pas opportun.

Sous son front dégarni, il avait l'œil éveillé, scrutateur, il les attendait, mes phrases de papa reconnaissant : « Comme vous avez raison, Monsieur le Professeur, vous avez les clés, moi je n'ai rien compris, je ne suis que le géniteur, l'auteur de la petite graine, je ne fais que passer… »

Mais elles restaient arc-boutées à ma langue, les phrases, elles ne voulaient pas sortir ! Face à un homme dont le postulat consistait à remplir un rôle dont j'étais incapable, et qui ne demandait qu'à m'être utile, j'agissais comme un gamin coupable.

Il attendait des phrases d'adulte et moi je trépignais. Je lui en voulais d'avoir sur Arthur une vision dont la pertinence m'échappait.

Alors, je l'ai remercié et je suis parti à reculons, pris en faute, bonnet d'âne, tout jaune j'étais.

Maman

Heureusement, il y a les mères. Bien qu'à leur sujet ma vision fût faussée, car la mienne était particulière.

Femme rêvée, elle traversait la vie comme une fête insolente.

Elle aimait bien les hommes, et m'aimait plus encore.

Les gens sérieux la laissaient perplexe, elle incarnait d'abord l'école buissonnière. Même pour son fils, ma mère resterait toujours une femme à conquérir.

Aussi pour moi, une maman, c'était comme ça. Quelle ne fut pas ma surprise en constatant qu'une femme que l'on épouse cache une autre personne dès qu'elle devient mère.

Un cadeau Bonux, en quelque sorte. La première ne voit que par vous, la seconde ne voit que par lui, l'enfant tant désiré qui s'installe pour toujours en plein milieu de votre histoire d'amour.

Ce n'était pas indiqué sur le manuel, il aurait fallu prévenir !

Cela dit, c'est une belle invention, les mamans, et assidues en plus. Elles savent tenir sur la longueur. Avec une femme, je peux lutter un peu, avec une mère, la partie est perdue d'avance.

Moi, les enfants, je ne sais que les faire. Mais, attention, ils sont très beaux. Faut pas pousser non plus.

Divorces

Quand on n'est pas désiré, c'est que l'on n'est plus désirable. Le pire sentiment étant de se sentir en trop dans la pièce, savoir partir à temps est donc indispensable.

J'ai très bien réussi mes divorces.

Si c'était à refaire, je reprendrais les mêmes pour un tour de manège.

Ou alors, personne, rien du tout, que du vent. Je regarderais juste passer les années comme elles glissent.

S'il vous plaît, pas de jugement hâtif, vous m'obligeriez. D'autant que, demain, je peux très bien tout reprendre et vous dire le contraire en le pensant vraiment.

Les Beatles

BB + B

Janvier 1964

Les Beatles passaient à l'Olympia. Bien que les connaissant depuis un an déjà, je n'eus jamais avec eux la même connivence qu'avec Mick Jagger. Néanmoins, ils me donnèrent plus d'une occasion de rire, notamment pendant leur tournée en Italie.

Ils s'offraient le luxe d'une vie à l'envers. Se levant vers six heures de l'après-midi, une fois le petit déjeuner pris, ils allaient au boulot, c'est-à-dire au concert. Ensuite, c'était l'heure du repas à une heure du matin, puis ils sortaient dans les boîtes ou visitaient la ville dont on ouvrait les monuments pour leur plaisir. J'ai encore le souvenir de Ringo dansant *Le Lac des cygnes* au lever du jour sur le toit de la cathédrale de Milan. De retour à l'hôtel, ils s'amusaient et jouaient de la guitare dans les suites. « *Get me some birds !* » était leur phrase pour qu'un *roadie* descende dans la rue piocher deux ou trois filles parmi l'essaim qui attendait en bas. Puis ils s'endormaient vers dix heures du matin, assez tôt, tout compte fait. En quelque sorte, une vie d'aristocrates anglais, mais en négatif.

Mon préféré était de loin George, le plus secret, le plus courtois.

Ce jour de janvier, j'étais au studio de la rue des Acacias en train de photographier Johnny pour une pochette de disque.

Dans un coin de la pièce, il y avait cette fille qui faisait le trottoir autour de l'Étoile, je la connaissais bien pour avoir bu des verres en sa compagnie au café du coin. Sachant que Jojo serait là, elle m'avait demandé si elle pouvait venir. Et lorsque j'acceptai, elle me dit : « Oh ! vous me feriez cette embellie ? » Sa phrase m'avait touché.

Pendant qu'elle contemple l'idole avec sa guitare, le téléphone sonne, c'est un chauffeur français des Beatles en tournée :

« Je te passe George ! »

Le groupe était planqué dans des suites à l'hôtel George V, apparemment ils s'y ennuyaient ferme. « *Would you have some music ?* » Je n'en revenais pas ! Ces quatre types faisaient chanter et danser le monde entier, et ils n'avaient même pas une sono dans leur chambre.

Plus tard, je passai chez moi chercher un « mange-disque » et une collection de 45 tours de mon choix. Il fallait voir leur joie quand je leur déposai cette machine. Pendant qu'ils écoutaient *Howling Wolf*, Ringo restait à part en me faisant la tronche parce que j'avais beaucoup trop de disques des Stones.

Pendant l'heure du thé, la conversation vint une fois de plus sur Brigitte Bardot, l'obsession de tous les musiciens anglo-saxons. La veille, nous avions fait des photos en studio, ils m'avaient à la bonne, aussi je décidai de marquer un point.

« Brigitte Bardot. Ça vous amuserait de la rencontrer ? »

Par chance, j'avais le privilège de la connaître. Comme ils ne semblaient pas me croire, je décroche le téléphone et j'appelle Brigitte.

« *Give us a break, man !* » me dit John, pensant que je me moque d'eux.

Elle aussi s'ennuie chez elle. Je sais que c'est un poncif, mais finalement c'est fou ce que ces gens-là ont l'occasion de se morfondre !

Hors de l'adrénaline que le succès procure, il y a tous ces moments de vie à combler sans la chaleur des applaudissements ou la froide attention d'une caméra. J'en ai vu de toutes sortes, de ces instants de vide où, n'étant plus le centre d'intérêt, ils affrontaient le rien.

Comment tromper l'ennui ? Car nous les vivons, nous aussi, ces plages inutiles, on voudrait être ailleurs, on espère, on attend… Mais ça n'a rien à voir puisque, avec un peu de chance, la solution viendra de l'intérieur, alors qu'eux cherchent surtout à s'oublier en attendant l'envie que l'on projette sur eux.

Je les ai bien observés, leurs éclairs de panique quand vient la solitude, ils doutent de tout, même de leur talent.

Johnny faisait des fêtes avec une kyrielle de « meilleurs amis » dont il n'était pas dupe. Pour ne finir vraiment heureux qu'à cinq heures du matin dans une petite pièce, chantant à la guitare des airs d'Elvis Presley pour un pote endormi. Dutronc, lui, invitait ses copains de toujours au bar du Hilton pour des déjeuners qui duraient des heures. Un bar d'hôtel, c'est un lieu de passage plus ennuyeux encore que l'ennui lui-même, l'impersonnel y règne, ce n'est pas réellement la vie.

Ou encore Mick Jagger dans un stade pour un concert en Amérique. Après avoir traversé une salle au comble de l'excitation, arboré six *pass* à travers un dédale de coulisses peuplées de forces de l'ordre, de musiciens, d'amis divers et de gens « du métier », j'atterris devant une petite porte gardée par des colosses menaçants.

Assis dans la loge, près d'un costume de scène accroché, Mick est seul, l'air maussade, en train de se regarder dans un miroir. Comme je lui demande la raison de son apparente tristesse, il me répond : « Rien. Je m'ennuie, c'est tout ! »

Pourtant, dans moins d'une heure, un triomphe l'attend. Elles sont longues, les minutes à espérer son reflet dans le regard des autres.

Je passe donc prendre Brigitte Bardot avenue Paul-Doumer.

À l'hôtel George V, nous contournons la foule des fans par une porte dérobée. Brigitte est amusée à l'idée de les connaître. Quelqu'un de la tournée ouvre la porte de la suite et Brigitte fait son entrée.

N'oublions pas qu'à l'époque *Le Mépris* de Godard va sortir, elle est le symbole sexuel le plus étincelant de la planète, la voir de près fait aussitôt remonter la température des sceptiques les plus froids.

Toute en courbes parfaites, elle n'est que grâce et naturel, même avec des chaussures elle donne l'impression d'avancer pieds nus. À l'autre bout de la pièce, John, Paul, George et Ringo sont tétanisés.

Je les présente un à un et, alors qu'au-dehors on entend des hurlements de filles, un silence pesant s'installe dans la suite. Brigitte s'assoit dans un fauteuil, et les Beatles au complet, comme quatre lutins craintifs, se regroupent sur un canapé près d'une fenêtre.

John contemple les nuages, George étudie les moulures, Ringo arbore sa tête de totem péruvien, seul Paul se lance en proposant de boire un verre. Quant à moi, je ne sais où me mettre, je fais semblant de fixer la foule en bas qui hurle à tue-tête. Bien sûr, ils ne parlent pas la même langue, mais je réalise tout à coup qu'ils n'ont surtout rien à se dire. Elle les regarde comme une pochette de disque, ils la dévisagent comme une couverture de *Jours de France*.

Voilà cinq personnes au statut de stars mondiales sidérées de se retrouver dans la peau d'admirateurs, gênées, timides, oubliant leur aura personnelle, impressionnées par une image publique dont elles sont les victimes, et ce, parce qu'elle se tient à deux mètres d'eux.

Je virevoltai comme un danseur à claquettes pendant un bon quart d'heure, allant des uns aux autres pour meubler le silence.

Je les observais tous, il ne se passait rien et, comme j'étais venu sans mon appareil, il n'y eut pas de photos... Même si je l'avais eu, je n'en aurais pas fait puisque ce moment ne voulait rien dire. Il ne reste qu'un souvenir à moi seul destiné.

Dans l'ascenseur, Brigitte, un peu déçue, me confie : « Ils ne sont pas très bavards, tes amis ! » Dans la suite, j'en suis sûr, ils l'étaient beaucoup plus à présent et j'aurais donné cher pour entendre leurs discours.

Il est parfois préférable de ne pas rencontrer les gens que l'on admire. Le rêve se suffit, après tout, il est là pour ça.

En campagne avec Raymond Barre.

Monsieur Raymond

Mars 1988

Influencé sans doute par mes années américaines, l'importance que les Français accordent à la chose politique ne cesse de m'étonner. Comme si ceux qui la font n'étaient qu'une armée de pères Noël envoyés sur cette terre pour résoudre tous nos problèmes. Là-bas, par contre, et ce n'est pas enviable, l'implacable pragmatisme de l'argent roi tient lieu d'étalon repère, condamné que l'on est à être tout ou rien. C'est peut-être une des raisons qui m'ont conduit à retourner chez nous, dans ce pays de cocagne où il est permis de durer même en étant médiocre.

Ces chers Gaulois se croient toujours le centre du monde, alors que notre belle terre de France est en passe de devenir le jardin d'acclimatation de l'Europe, un « playground » pour Anglais en peine de romantisme, une résidence secondaire pour Hollandais nostalgiques, un havre de paix pour Allemands bucoliques.

Ce n'est pas par hasard si Mickey Mouse a planté son décor chez nous.

En revanche, il m'est souvent arrivé de m'attacher à ceux qui font la politique. En général, j'ai pour eux de l'estime, contrairement au sport ambiant consistant à les dénigrer à plaisir.

Dans la course pour la présidentielle de 1988, je m'étais mis au service de Raymond Barre, non par conviction idéologique mais pour l'étonnante personnalité de cet homme. On disait de lui tant de choses désagréables, je ne pouvais qu'être séduit.

Lors de mon premier rendez-vous en sa présence, je suis à une table, entouré du gratin des publicitaires parisiens et autres pontes en communication. Ma mission consiste à réaliser un film de cinquante minutes destiné à être projeté dans ses meetings. Il y a là vingt personnes qui travaillent dur pour le mener au succès, préparant des discours, échafaudant des plans machiavéliques pour le rendre aimable, un parterre de gens de bonne volonté entièrement à sa dévotion.

Raymond Barre commence d'une voix lasse par refuser toute idée travestissant la vérité, toute entreprise de séduction, tout ce qui risquerait de le conduire à plaire.

Et pendant que Philippe Michel et Jean-Marie Drut, deux des concepteurs les plus inventifs de la création nationale, déploient des prodiges de diplomatie pour tenter de le convaincre, lui, sans prévenir, subrepticement, s'endort. Le personnage m'emballe tellement que je ne sais comment retenir des cris de joie.

Voilà un homme qui entre dans la course la plus enviée du monde, pour laquelle des premiers de la classe sont prêts à trahir père et mère afin de parvenir au but, haranguant sans relâche durant des nuits entières des foules déjà conquises, mais lui, Monsieur Raymond, il pousse gentiment un roupillon de nouveau-né avec la conscience du devoir accompli.

Ça, c'est la classe, comme disait Claude François en regardant Dean Martin sur scène lorsqu'il faisait semblant de boire un douzième verre de scotch en continuant d'assumer.

À un moment donné de la réunion, un membre de l'assemblée s'inquiète de la campagne d'affichage dont le démarrage est prévu dans un mois.

Il n'y a toujours pas de photos. Quelqu'un tousse près du futur ex-prétendant afin qu'il se réveille.

« Oh ! mais je vous entends, dit Monsieur Raymond. Venez donc à Saint-Jean-Cap-Ferrat la semaine prochaine, je vous donne dix minutes. »

Dix minutes pour toute une campagne d'affiches ! Personne n'ose insister, ils connaissent l'oiseau et savent que c'est inutile.

Philippe Michel se tourne vers moi en catimini et me demande :

« As-tu encore un appareil photo ? »

Et me voilà investi de la responsabilité d'exécuter une séance capitale dont je n'ai pas la moindre idée, et ce, dans un temps défiant toute prudence.

« Que voulez-vous comme photos ? »

Je lance ça au hasard, pour avoir une vague idée de ce que l'on attend de moi.

Un homme silencieux jusqu'alors me toise avec le dédain de ceux qui détiennent le savoir. Imbu de lui-même, il bombe tellement le torse que j'ai peur qu'il ne tombe en arrière. C'est le type d'anaconda coutumier des coulisses du pouvoir, la main molle et les yeux en forme de Légion d'honneur. Je n'ai jamais aimé les gens qui forcent le respect.

Avec l'assurance du ministre qu'il deviendra sûrement, il clame :

« Des portraits sur fond bleu avec des expressions différentes… »

Quel concept !

Contre toute attente, le candidat s'excite :

« Bleu. Oui, bleu ! Comme le ciel dans *Règlements de comptes à O.K. Corral.* »

Et Monsieur Raymond de partir dans une description détaillée de ce western des années 50, avec moult détails et une émouvante passion que je ne lui soupçonnais pas. La réunion s'achève sur cette conversation hallucinante. Je croyais rencontrer un candidat à la présidentielle et je retrouve Eddy Mitchell.

Pour le tournage du film, le TGV Paris-Lyon avait été loué. Me voici donc dans un wagon de première, à côté d'une caméra tournant en continu, assis face à Raymond Barre.

Toute son équipe de consultants se tient derrière, papiers en main, le front perlé comme du gruyère au soleil par l'émotion de ce moment historique, suivant une à une les phrases du discours qu'il est en train de me tenir.

Chaque mot a été pesé et j'ai en main la liste des questions que je dois lui poser. Mon rôle consistant à le reprendre au cas où une intonation manquerait de conviction. Un peu plus haut, un peu moins vite, je dirige un prétendant à la course présidentielle comme s'il s'agissait de Dutronc. Car le plus insensé, c'est qu'il s'adresse à moi comme si j'étais la France. Moi qui n'ai pas le moindre intérêt pour la chose politique et, j'ai honte de l'avouer, n'ai même jamais voté.

Par les fenêtres, les paysages défilent comme les promesses électorales tandis que Monsieur Raymond part dans une envolée sur notre beau pays, terre d'accueil et de générosité.

Et de citer quelques exemples d'émigrés fameux : Yves Montand, Charles Aznavour, Dalida, Pierre Mendès France…

«… Coupez, monsieur Périer », me demande le candidat de son inimitable voix.

Il relève calmement les yeux vers son staff et demande d'un air innocent :

« Est-ce que vous êtes sûr que Mendès France n'était pas français ? »

Gêne dans l'assemblée, il y avait apparemment parmi les auteurs du texte un homme aux convictions hasardeuses dont les contours extrêmes tendaient à réécrire l'Histoire.

La semaine suivante, j'attends avec toute l'équipe au bord de la mer, près de Saint-Jean-Cap-Ferrat.

Raymond Barre arrive pile à l'heure et me demande très courtoisement ce que j'espère de lui. Je le fais donc asseoir sur une chaise avec en fond un ciel bleu comme une victoire prochaine.

« Des expressions différentes. »

Le projet était simple à énoncer, mais comment obtenir d'un homme charmant mais plutôt rigide qu'il s'adonne sur commande à des mimiques variées ? Et l'idée me vient qui justifierait ma présence. J'assois en face de lui ma petite assistante et me tourne vers lui :

« Monsieur le Premier ministre, si mes renseignements sont exacts, je crois que nous avons en commun un goût prononcé pour l'aïoli. Voudriez-vous, s'il vous plaît, en donner la recette détaillée à cette jeune personne, elle aimerait tant savoir le cuisiner ! »

Ravi, Raymond Barre commence à énumérer les divers ingrédients et ustensiles indispensables à cette sauce ô combien complexe.

Pendant qu'il s'enthousiasme à la description de la préparation du plat, je le mitraille à tour de bras, obtenant d'ailleurs une succession d'images aussi vivantes qu'inattendues.

Et c'est ainsi que, quelques semaines plus tard, tous les murs du pays furent couverts d'un Raymond Barre convaincant souligné de phrases du genre « Demain la France », sans que personne se doute jamais que ce florilège d'expressions dynamiques venait du fait qu'il était en train de donner en détail la recette de l'aïoli.

Mick Jagger

La dernière fois que j'ai vu Mick Jagger

Janvier 2002

J'aime bien le Mathis, c'est un bar de la rue de Ponthieu qui présente l'avantage d'être comme le premier étage de chez Castel il y a trente ans. On peut y boire et y parler sans être dérangé par des musiques idiotes. La décoration n'est guère luxuriante, pourtant, à un moment donné de la nuit tout le monde s'y retrouve. La vie noctambule n'est plus mon truc depuis des lustres, et quand je sors, c'est là. Pourquoi ? C'est moins grand que chez moi, mais je peux y aller seul sans me sentir jugé.

Ailleurs, dans les regards croisés j'ai l'impression de lire : « OH ! LÀ, LÀ ! IL EST TOUT SEUL ! »

Pourquoi est-il si mal vu d'être seul ?

L'autre soir, après une journée de travail et un dîner chargé, j'y vais pour rejoindre un ami et, honte à moi, je m'endors.

Voilà un endroit des plus parisiens, n'importe qui peut entrer dans la pièce, des gens que je connais auxquels je me dois de faire croire que je suis toujours d'actualité, qu'ils peuvent encore me confier leur image, que mon œil est intact, vif et passionné. Hélas, je roupille.

Lorsque la gentille hôtesse du lieu me réveille doucement, je réalise avec horreur que je me suis assoupi dans ce bar comme un vieil ivrogne franchouillard. Et à deux mètres de moi, assis sur le canapé d'en face, il y a Mick Jagger en aimable compagnie.

La honte m'envahit, je ne sais plus où poser les yeux, je repeins le plafond en maudissant ma faiblesse.

Comprenez-moi. Je suis là, au centre du Tout-Paris qui se vante et qui reluit, affalé comme un nain de jardin cacochyme devant ce type que j'estime et qui représente tant de souvenirs, seulement voilà, moi, je sors d'un sommeil profond.

Des milliers d'images me reviennent, réminiscences de moments partagés durant ces douze années qu'on ne cesse de me rappeler aujourd'hui et qui pourtant m'échappent. Bien sûr, à l'époque, il y avait l'écart de langage et ce recul anglais qui m'impressionnait un peu, mais, sans parler d'amitié (qui peut se dire l'ami de Mick ?), il me fit quand même le cadeau de quelques instants de connivence, une muette confiance inestimable lorsqu'elle vient d'un type aussi courtisé. Je ne lui étais pas indispensable ; lorsqu'il venait chez moi écouter de la musique, ce n'était évidemment pas par intérêt.

Et aujourd'hui nous sommes là à un mètre l'un de l'autre comme des étrangers.

Je sais bien qu'il me suffirait d'être un soupçon plus opportuniste, un poil profiteur, ou bien juste parisien pour la sauter, cette barrière, oublier la timidité, faire fi de toute pudeur. « Salut, mon pote ! » Une tape amicale plus un baiser showbiz, et le tour est joué ! Mais ça, justement, je ne l'ai jamais fait.

En plus, notre dernière conversation doit remonter à 1974, nos vies si différentes me laissent à penser que je ne saurais plus vraiment quoi lui dire.

Se souvient-il par exemple de la tournée française de 1966 ?

Nous avions traversé le Sud en train de Marseille jusqu'à Lyon. Durant le concert, un fan, voulant sans doute manifester un enthousiasme des plus méditerranéens, avait lancé un barreau de chaise dans l'œil de Mick. Vers une heure du matin, ce dernier me dit :

« Trouve une voiture pour qu'on rentre à Paris, j'en ai marre de ce patelin ! »

Le patron de La Locomotive, Kiki Chauvière, me prête sa Fiat, à nous la route.

Préférant ne pas attendre le train du lendemain, Keith, Brian et Charlie décident de venir avec nous. Et me voilà en pleine nuit sur les routes de France avec les Rolling Stones presque au complet. Charlie est devant, perdu dans ses pensées, comme à son habitude. À l'arrière, les trois autres se lancent dans une conversation acharnée sur les finances du groupe.

Les placements, la Bourse, les investissements à long terme, tout y passe, y compris une étonnante diatribe de Mick contre les religions. La moyenne d'âge ne dépassant pas vingt-trois ans, je suis sidéré par le sérieux de leur discours, lequel ne correspond pas à leur apparence psychédélico-festive.

Mick est vêtu de velours frappé bordeaux, et des lunettes cerclées de rose vif cachent son œil au beurre noir, elles lui donnent l'air étonné d'un poisson rouge. Keith est habillé comme un hobereau de la Renaissance et Brian a la brillance d'un cataphote de vélo. Le tout orné de chaînes et de foulards virevoltants et chamarrés.

Au bout d'un moment, mes hommes d'affaires s'endorment, et en traversant des villages morts je rêvasse au beau kidnapping que je pourrais ourdir.

Vers quatre heures du matin, les « Pierres qui roulent » se réveillent et me disent qu'elles ont faim. Au loin, les lumières d'un restaurant nous sourient. Je me gare au milieu d'un parking parsemé de camions de quinze tonnes.

Dans l'atmosphère enfumée d'un routier français, au milieu de nulle part, il faut voir l'entrée des Rolling Stones. J'ai l'impression d'être en compagnie d'arbres de Noël ! Tous les visages se tournent vers nous, allant de l'étonnement au dégoût en passant par une agressivité certaine. Il n'y a que des points d'interrogation et d'exclamation sur deux pattes, mais avec des bras énormes.

Je dirige mes compagnons vers une table à l'écart, pendant que les phrases se mettent à fuser :

— Qu'est-ce que c'est que ces pédés ?

— C'est pas des pédés, c'est des singes...

— Alors, ça doit être des singes pédés !

... Et autres gâteries du même genre, on nage en pleines brèves de comptoir.

La patronne se pointe d'un air pincé.

Victime du mimétisme, elle a le cou aussi large que la tête et c'est certainement la compagnie virile des routiers qui l'a dotée d'un départ de moustache des plus inquiétants. Sur des doigts en saucisse de Francfort, elle tapote sur un carnet graisseux.

— Ils veulent quoi, les guignols ?

Ça commence bien !

J'interroge le groupe sur ce qui lui ferait plaisir. Keith, qui dort encore à moitié, dit qu'il essaierait bien un coq au vin, il en a entendu parler, il paraît que c'est excellent, etc.

Le tapotement sur le carnet vire au nerveux.

Lorsque Brian, arborant un sourire Côte d'Azur sous un mouvement de cheveux digne d'une starlette italienne, lui demande dans un français musical si elle a des « banana split », je sens que j'ai intérêt à reprendre les choses en main vite fait.

Je propose des hot-dogs pour tout le monde, affichant mon faciès le plus veule. La dame se détourne dans un dédain majestueux, tandis que quatre brutes aux biceps tatoués s'assoient à la table d'à côté.

La tension monte d'un cran lorsque Keith, très intrigué par la dague qui couvre la moitié du bras de son voisin, lui demande en anglais l'explication de ce charmant petit dessin.

Le Chéri-Bibi tourne vers lui une face d'anti-végétarien. C'est maintenant quatre bouledogues qui se tournent vers moi.

— Qu'est-ce qu'elle veut, ta copine ?

Je redouble de lâcheté, je grimace des excuses vaseuses, je ne suis que ronds de jambe. Louis de Funès à côté de moi, c'est Du Guesclin.

On est à deux doigts de la bagarre générale et je ne vois personne alentour pour me donner un coup de main. C'est alors qu'un car d'adolescents, lauréats d'un concours du lait Mont-Blanc organisé par Europe n° 1, débarque en trombe dans l'établissement. Ils n'en croient pas leurs yeux.

Dans cet endroit des plus improbables, ils tombent sur les Rolling Stones au milieu de la nuit ! Ils envahissent la salle en hurlant et se ruent sur notre table. Ce n'est plus un routier, c'est l'Olympia !

Je profite de cette heureuse diversion pour embarquer le groupe vers la voiture en chipant les hot-dogs au passage. Alors que je viens de démarrer en trombe, Brian mâchonne sa saucisse en regardant par la fenêtre d'un air las : « Même pas de ketchup… »

Mick allonge ses jambes sur le siège avant en grommelant :

« Décidément, on ne peut plus jamais être tranquilles ! » Effectivement…

Cher Mick, se souvient-il de la tournée américaine de l'année précédente, lorsque nous avions passé quinze jours à Los Angeles dans un hôtel de Wilshire Boulevard aujourd'hui disparu ?

Tous les soirs, leur spectacle avait lieu dans un endroit différent des faubourgs de la ville. J'habitais donc avec eux dans un bungalow au milieu d'un parc tropical constamment entouré d'une marée de fans, des filles surtout.

Le moindre bruissement de rideau provoquait aussitôt des petits cris stridents. Le groupe était éparpillé dans les chambres, on entendait de la musique partout.

Un moment d'égarement, sans doute, je m'étais endormi, lorsque des braillements venant de l'extérieur me vrillent les tympans.

Il est quatre heures du matin, je glisse un œil au-dehors. Sur la terrasse adjacente, j'aperçois Brian Jones dans un état second. C'était un prince, Brian, un prince décadent. Il était non seulement le plus musicien du groupe, mais aussi le plus fantasque. Dans les premières années de leur succès, c'était lui le leader. Il lui en coûtera d'être évincé de l'aventure et de finir noyé dans sa piscine anglaise, avec pour seules compagnes les diverses drogues qui ne le quittaient plus.

Pour l'instant, sur son balcon, il est en robe de chambre de soie fraise écrasée, un panama crème sur la tête, en train de se taper du caviar à même la boîte en hurlant *Gloria*, une chanson du groupe Them qu'il affectionne particulièrement.

Brian Jones

Les filles braillent en sautillant comme il est convenu de le faire, comme on le leur a appris depuis l'enfance, comme leurs grandes sœurs pour Elvis quelques années auparavant, et leurs mamans *bobbysoxers* pour Frank Sinatra dans les années 40.

Être fan est une fonction intemporelle, toujours la même, sans cesse recommencée.

Il est sept heures du matin quand Mick Jagger pénètre dans ma chambre. Nous avions repéré des chemises dans une boutique sur Sunset, il nous les fallait absolument. On regarde au-dehors, il y a bien deux cents filles endormies à même le sol. En s'y prenant bien, en jouant un peu à la marelle, on peut se glisser jusqu'à une voiture avant qu'elles se réveillent et aller prendre un petit déjeuner en attendant l'ouverture du magasin.

Le parterre de demoiselles est des plus impressionnants, aussi je longe le mur du bungalow en évitant le moindre bruit, on dirait un G. I. maladroit dans un film sur la guerre du Pacifique.

J'ai conscience d'atteindre les sommets du ridicule en regardant Mick de dos, il évolue comme un chat sans le moindre souci à dix centimètres de ces gamines qui dorment en rêvant de lui. Ses cheveux volettent au rythme de ses pas, ce type est à mi-chemin entre une biche et une Rolls-Royce. Il est vrai qu'il a de la foule une habitude qui me fait défaut.

Le Mexicain du « valet parking » somnole dans un fauteuil en cuir d'un autre âge en fantasmant sans doute sur l'hypothétique carte de séjour qui solutionnera son avenir. De ses yeux globuleux comme un cul de bouteille de tequila, il reconnaît Mick et lui fait grâce d'un sourire reptilien en fredonnant *Satisfaction*.

J'aimais bien Hollywood le matin, les trottoirs encore humides, les palmiers inutiles qui ont l'air de se réveiller, les piles de journaux du jour attachés près des stands sur le point d'ouvrir, les clochards nostalgiques de Kerouac au parcours somnambule.

Au volant d'une Cadillac de dix mètres de long, on rôdaille sur Mulholland Drive en attendant l'ouverture de chez Schwabs.

Les petits déjeuners dans ce « snack-pharmacie » étaient un must absolu. Au-dessus du long bar en arc de cercle, les murs scintillaient de photos noir et blanc d'acteurs au sourire crispé par l'espoir d'un triomphe. Paradis du blanc plastifié et du *stool* en acier, l'odeur du trop propre vous assaillait dès la porte passée.

Très tôt le matin, tous les seconds rôles des films en tournage se retrouvaient là, leurs visages familiers en attente de maquillage.

Il fallait voir les serveuses, toutes dans la cinquantaine, mi-Debbie Reynolds, mi-June Allyson, déposant violemment des *triple eggs sunny side up* en engueulant les clients.

Anciennes futures actrices déçues, elles dataient toutes de l'ouverture du lieu. Cette torsion forcée de leurs rêves de carrière les dotait d'une gouaille à la limite de l'aigreur. Celles-là, il ne fallait pas leur parler box-office, elles les avaient toutes connues à leur début, les vedettes, bien avant qu'elles aillent se nicher dans leurs palais luxueux de Beverly Hills.

Lorsque l'une d'elles réapparaissait au sommet de sa gloire, elles la remettaient vite en place, la star, elles avaient le bagout des femmes ordinaires dont la seule fierté réside dans ce noble statut de maman du matin.

Des bonnets datant des années 50, des bas blancs d'infirmière, sous leurs blouses immaculées j'imaginais les échafaudages infernaux de porte-jarretelles et de soutiens-gorge balconnets à armature renforcée. Et le soir, leurs tétons efflanqués poussant un grand soupir alors que glisse la prison de titane allégé, affaissés de fatigue, sidérés d'être encore là. Une messe de gros seins fourbus qui remercient le ciel d'être toujours sur terre. C'est une journée de moins mais, quand même, vive la vie.

Pour moi, Hollywood est mort le jour où l'on a détruit Schwabs.

Dès qu'ils troquèrent Gene Tierney pour Bo Derek, forcément j'ai décroché.

C'était la période magique des concerts incertains.

Le groupe était depuis peu premier des ventes de disques aux États-Unis et en réalité nul ne mesurait l'étendue de leur succès, personne ne contrôlait les événements ni le danger induit dans ces mouvements de foule.

Il faudra attendre jusqu'au soir d'Altamont, deux ans plus tard, concert durant lequel un jeune homme venu écouter de la musique repartira les pieds devant, éviscéré par un Hell's Angel cocaïné jusqu'à la garde. Jusqu'à ce jour tragique, les tournées des Stones étaient des fêtes improvisées, des « happenings » hasardeux, des messes glorieuses annonciatrices d'apocalypses à venir. C'est de ce joyeux bordel dont j'admets avoir un peu la nostalgie.

À Civic Long Beach, un quartier anonyme des faubourgs de Los Angeles, il y avait une arène de rodéo transformée l'espace d'un soir en salle de spectacle pour le passage des Rolling Stones.

Quand nous arrivons dans les trois limousines, il semble évident que personne n'a la situation en main. Les organisateurs attendaient quatre mille personnes, il y en a vingt mille. Les gradins sont déjà pleins et la colère monte chez ceux qui restent coincés dehors.

Précédés d'une procession noir et chrome de flics à moto, on avance doucement vers l'entrée de l'arène. Le bourdonnement des hélicoptères de la police ne sert à rien d'autre qu'à exciter davantage la meute qui ne pourra entrer. En ces temps-là, la mode des vitres fumées n'avait pas cours, aussi Mick et son groupe se recroquevillent-ils vers le sol pour échapper aux regards.

Non loin de là, il y a un circuit de *hotrods*, ces bolides aux couleurs criardes dont les moteurs suçotent avec délectation un carburant digne des fusées de la NASA. Leur fonction première étant de faire un bruit assourdissant, on ne peut pas dire que leur proximité soit de nature à détendre l'atmosphère.

Les limousines pénètrent dans le couloir à bestiaux qui entoure l'arène. Les odeurs animales se mêlent aux effluves sudatoires des *roadies* locaux.

Tout le monde gesticule, mais personne ne s'entend à cause des hurlements du public qui trépigne depuis une heure. Mick est très énervé par le manque d'organisation, Charlie tapote en mesure sur le capot d'une voiture, celui-là, même une charge d'Apaches sur le sentier de la guerre ne lui ferait pas remuer un sourcil. Bill de ses yeux d'horloger guette les femelles à la recherche de celle dont il fera sa peluche d'un soir. Keith, le regard ailleurs, les cheveux dressés vers les nuages, accorde sa guitare. Brian sourit aux anges ; en bon anarchiste bourgeois, il vénère le désordre.

On pousse littéralement le groupe sur la scène pour un show d'une demi-heure, à cette époque, ce n'était jamais plus long. La sono n'arrive pas à couvrir les hurlements du public et Mick gesticule comme dans un film muet.

Sur le bord de la scène, envoyé sans doute en éclaireur pour tenter de comprendre ces petits Anglais qui inondent le marché, il y a Bob Neuwirth, l'ami de Bob Dylan. « *Bob was telling me last night…* » Manège connu, lassant, entendu si souvent. Ce privilège est un passe-droit l'autorisant à arborer avec ostentation son attitude de branché des coulisses.

Jambes un peu molles, œil vague, fumée de cigarette aspirée jusqu'au tréfonds, il rit en douce pour lui-même d'une pensée floue qu'il ne cherche pas à maîtriser. Il est seulement content d'être « là », puisque c'est « là » que ça se passe.

Je le reverrai vingt ans plus tard, un soir, à la piscine du Château Marmont. Le même au visage plus fripé par des années d'ingurgitation forcenée d'expédients douteux, il est fâché depuis longtemps avec Bob Dylan, mais ne parle que de lui, toujours. « *Like Bob used to say…* » Ça reste accroché longtemps, le tic du *name dropping*. À force de rôder dans ces eaux-là, on tombe toujours un peu dans le panneau.

Du reste, il m'est arrivé qu'on me le reproche.

À la lisière de la scène, malgré le boucan d'enfer de la salle et la scène conjuguées, un *roadie* fatigué s'est endormi, la tête appuyée sur une caisse de sono.

Pendant que Keith s'évertue dans un solo de guitare que personne ne perçoit, Mick le regarde en souriant comme si lui seul comprenait ce que ses doigts chantent. Puis il se détourne vers la forêt de bras tendus en repliant sa main sur sa hanche comme un petit marquis. Comment peut-on à cet âge avoir une telle science du geste ?

Par une porte dérobée, j'aperçois le manager du groupe en train de compter des masses de billets de banque face à un aréopage de cow-boys au rictus mafieux.

La recette du soir s'échange encore de la main à la main, comme un jeu pas sérieux, sans savoir qu'il s'agit des prémices d'un business planétaire à venir. À ma vue, la porte se referme.

Dernière chanson. Pas de rappel.

Tout ce beau monde s'engouffre dans les limos. Je me retrouve dans l'une d'elles avec Mick et Keith.

La désorganisation du début n'a fait qu'empirer. Dans le couloir à bestiaux, la flicaille s'agite. La file des voitures avance et puis fait marche arrière. On se trompe de porte.

Le chauffeur en transpiration mâchonne rageusement un chewing-gum en se tordant le cou pour reculer son salon à roulettes. Deux policiers tapent sur le capot tout en grimpant dessus. Ils indiquent dans la pénombre une porte loin devant qui commence à s'ouvrir.

Les battants métalliques s'écartent pour faire place à un océan de visages hystériques agglutinés sous un soleil de plomb.

Il va falloir maintenant traverser un magma de vingt mille personnes, avec pour seule protection une poignée de flics débordés.

Très vite, dans la limousine en plein tangage, plus de lumière : les fenêtres sont assaillies de visages écrasés, tandis que l'on avance au pas. Les nez, les bouches glissent en laissant des traînées, impression d'aquarium, mais c'est nous les poissons.

Le bruit environnant de dizaines de poings martelant l'habitacle contraste avec le silence tendu qui règne à l'intérieur. On n'en mène pas large.

Mes deux amis savent que la mode en cours chez le fan de base consiste à couper une mèche de cheveux d'idole à l'aide de ciseaux plus ou moins maîtrisés. Un policier grimpe sur le toit pour repousser une gamine qui glisse sur la fenêtre arrière. Vision de culotte désordonnée, de jambes enfantines, aucune pulsion sensuelle à l'horizon, l'heure n'est pas à la bagatelle.

Tout à coup, panique. La porte arrière s'ouvre en grand.

Mick et Keith plongent du côté opposé en se protégeant les cheveux de leurs bras repliés.

Allongé sur le sol, je vois les mains d'une fille qui s'agrippent au fauteuil, elle hurle le nom de Mick en tentant de rentrer. Le policier perché saute alors du toit, bousculant sans ménagement la foule, qui s'écarte. Du haut de son mètre quatre-vingts, il distribue des coups de matraque au hasard et, prenant son élan, il repousse la portière d'un coup d'épaule en béton armé. Il y met toute l'ardeur emmagasinée par des années d'absurdité diététique, de bières tièdes, de hamburgers bien gras, de frites archicaloriques, le tout imbibé de sauces hautement cancérigènes.

Et la porte se referme sur les doigts de la petite. Craquement d'os, rebond de la portière ; les yeux révulsés, elle recule sa main et la colle contre sa chemise. Sans prêter aucune attention au sang qui gicle, elle hurle. De douleur. Allez savoir, elle hurlait de toute façon.

Mais surtout elle continue d'avancer pour ne pas perdre sa place.

Quel âge a-t-elle ? Quinze ans, pas plus.

Mutilée pour longtemps, elle rentrera chez elle. Personne ne comprendra, surtout pas ses parents. Pour elle, adieu le piano, mais on verra ça plus tard.

Pour l'heure, elle guette à l'intérieur dans l'espoir d'un regard, un échange furtif avec Mick Jagger. Mais il tourne le dos sans savoir qu'elle existe. Le seul qu'elle peut voir de face, c'est moi, allongé par terre, les genoux sous le menton, les yeux écarquillés.

Trois doigts écrabouillés pour un furtif échange de regards avec un photographe étranger, dans l'univers des fans, c'est ce que l'on appelle un ratage.

Pourquoi ai-je la chance d'être dans cette voiture et pas elle, dont les nuits sont hantées par ce garçon qu'elle aime de toutes ses forces ? L'injustice qui nous sépare ne mesure même pas un mètre.

Où est-elle aujourd'hui, approchant la cinquantaine ? Tient-elle un magasin de fripes à Venice Beach, ses cheveux jadis afro transformés en chignon frisottant, camouflant son corps désormais enrobé sous une djellaba fleurie ?

Que répond-elle à ses petits-enfants lorsqu'ils effleurent cette main ornée de bagues qu'elle n'aime pas qu'on touche ?

Elle disparaît maintenant de la fenêtre, happée par la tourmente, remplacée aussitôt par de nouvelles grimaces. Je l'imagine debout, seule avec sa main meurtrie, preuve cruelle de son rendez-vous manqué. Mais ne vous y trompez pas, elle reviendra l'année prochaine, sans doute. Sûrement même. On peut compter sur elle.

Un quart d'heure plus tard, nous nous arrêtons dans un snack pour un en-cas. Mick et Keith n'ont rien vu du petit drame dont je fus le témoin. Ils sont contents, ils ont fait leur boulot, c'était un bon concert.

Une journée comme une autre, en somme. Les hot-dogs sont au poil. Passez-moi la moutarde…

Mais c'est très loin tout ça, il y a trente-cinq ans. Et ce soir, au Mathis, en dormant dans un bar, pour Mick l'Anglais je fais preuve d'un laisser-aller impardonnable.

Honte à moi, j'ai eu la faiblesse d'un vieillard français et je me garde bien d'évoquer des souvenirs, je ne lui parle pas du tout. Je sens bien que son regard désespérément m'évite, il lui est impossible, ne serait-ce que vis-à-vis de son entourage, d'être de près ou de loin associé à ce spectre d'un avenir qui nous attend tous.

Car c'était bien joli d'inventer le jeunisme, mais trêve de menteries, on le craint maintenant, le miroir narquois qui, tous les matins, nous renvoie l'image d'une sournoise décrépitude.

J'ai beau plisser les yeux pour mieux flouter la chose, puiser dans mes années d'artifices quelques lumières variées, douces et respectueuses. Rien n'y fait. Au milieu du visage, il y a ce doigt pointé vers moi qui, une à une, comptabilise mes rides et les redessine avec une joie sadique.

Et Mick peut toujours se concentrer sur une conversation qu'il voudrait passionnée, je suis sûr qu'il la voit, la grande cinglée avec sa faux qui lui fait de l'œil. Autour d'elle rôde une armée transparente de vieillards fantomatiques, brandissant des étendards déchiquetés, frappés du sigle RIGOR MORTIS en lettres médiévales.

Sur une musique wagnérienne, ils dansent derrière moi, affublés de toutes les tares du troisième âge, des ostéoporoses opiacées, des ondes paraplégiques endiablées, des soubresauts de syndrome Dupuytren, des hordes d'hémiplégies galopantes, de féroces artérioscléroses frustratoires, des fondements suppliciés par des descentes d'organes, sans oublier la torture suprême des incontinences désarmantes que mes vilains spectres constatent, impuissants, de leurs yeux déjà voilés aux paupières tremblotantes, cherchant à dissimuler sous leurs mitaines alzheimerisées les taches d'achromie et autres ridules, qui vicieusement se plantent au centre de leurs bajoues, comme d'implacables points sur le i de leur fin prochaine.

Tout ça sur un petit canapé parisien propice aux confidences.

Voilà que Mick se lève, on ne s'est pas adressé un mot, il quitte la pièce en me laissant confit de honte.

Et le couperet tombe.

Désormais, je le sens, jusqu'à mon dernier souffle, au moindre signe de faiblesse, sous l'emprise d'une involontaire mollesse du jarret, terrassé par un roupillon désordonné, ou même rien qu'à l'occasion d'un éternuement maladroit, Mick Jagger apparaîtra comme par miracle sur fond de firmament.

Dans toute sa flamboyance, jeune pour l'éternité, précédé des trompettes de la renommée, entouré d'une pluie de courtisans ricaneurs. Et, me jetant un regard royal un tantinet déçu, il dodelinera de la tête avec une moue désolée.

« *What a shame, Jean-Marie, what a shame…* »

Je ne devrais pas sortir le soir.

Jacques Dutronc

Je ne verrai jamais Hong Kong

Avril 2002

On est toujours le con de quelqu'un, mais comme on ne sait pas de qui, par un jour de grand vent paranoïaque, il peut m'arriver de regarder les gens qui passent avec un effroi insoutenable.

C'est pourquoi mes liens avec Dutronc me sont indispensables. Si je suis son ami, alors il y a de l'espoir. Imperméable aux lieux communs qui rôdent, il a un côté « Je-me-ris-de-vos-balles » des plus séduisants. Il cache son obsession du détail sous une ostentatoire paresse, un paravent d'insolence contre les pénuries d'imagination des malins de passage. Les pires étant les crétins déguisés en intelligents, ceux qui « savent », les imbus aux convictions inamovibles, des réponses sur deux pattes, alors que Jacques, lui, n'est qu'une question.

Il partage avec sa femme, cette chère Excellente, le don de penser différent. Bien que je les connaisse depuis quarante ans, ils me surprennent toujours. Plaisir insoupçonnable puisque l'on sait souvent, hélas, ce que les gens vont dire, et qu'en plus ils le disent. Ce cher Sex (c'est le surnom que je lui ai donné dans les années 60, attendu, vous l'admettrez, qu'il était de toute évidence un symbole sexuel), ce cher Sex, donc, est doté d'une ostensible décontraction qui me venge. De tout. Je ne crois pas en Dieu, mais je crois en son doigt. C'est à coup sûr le doigt de Dieu qui m'a fait rencontrer Dutronc.

Il est tôt le matin, je suis en Corse, assis dans son jardin. Il a nourri les cinquante chats faisant partie de son clan et je l'observe maintenant au loin, vêtu d'un treillis militaire, alors qu'il arrose ses plantes. Parce qu'il entretient avec la nature des rapports privilégiés, il arrive qu'elle le lui rende bien.

Comme tous les jours à heure fixe, un lapin sauvage vient à son rendez-vous. Bien qu'il soit de dos, Jacques le sait. Alors il ferme le robinet, se retourne et s'accroupit en tendant la main. Et le lapin s'approche, doucement, à son rythme, ce qui tombe bien puisqu'ils ont le même. Pendant que le petit museau fragile et tremblotant vient effleurer ses doigts, je me souviens du jour d'été 1966 où Françoise m'avait parlé de lui. « J'ai rencontré quelqu'un », m'avait-elle dit dans un demi-sourire. Nous sortions d'une vie commune un peu désordonnée. J'avais perdu Françoise par insouciance, comme un ami auquel on n'écrit pas assez. Mais les bases étaient jetées, elle était ma famille, Jacques en faisait donc forcément partie.

Je m'attachai à lui tout de suite, et définitivement.

Les deux premières années ne furent pas simples. Je ne le quittais plus. Il lui fallut un certain temps pour admettre mon acharnement à devenir son ami.

Du reste, à part Françoise, personne ne me comprenait. Qu'est-ce que je lui voulais, à ce type, après tout, j'étais « celui d'avant ».

Normalement j'aurais dû disparaître, mais non, je le suivais partout, dans son studio d'enregistrement, en tournée où je le rejoignais pour le plaisir, au désespoir de mes amis chanteurs, écœurés par ma fascination pour sa cynique tendresse. Et je me retrouvais dans des salles combles, au milieu d'une foule qu'il avait à sa main, riant selon ses désirs, et à laquelle il faisait cadeau d'une dérision dont il avait le tact d'être la première victime. Frisant parfois la catastrophe à coups d'insolences, il rattrapait la salle au dernier moment, les gens étaient aux anges et moi j'étais ému, comme si inconsciemment je pressentais qu'il serait plus tard l'homme un peu sombre qu'il est devenu.

J'imagine les bêtises que son entourage devait proférer à mon sujet, et il lui fallut sûrement beaucoup d'imagination pour m'accepter malgré tout. Je lui saurai toujours gré de cette ouverture d'esprit.

Il vivait la vie tumultueuse d'un chanteur à succès des années 60. Constamment entouré d'un groupe au mental parasite qu'il entretenait grassement, il parcourait les villes dans une Lamborghini « Espada » noir ébène, traqué par des kyrielles de filles prêtes à tout pour accrocher son regard bleu.

En ce temps-là, on voyait encore ses yeux.

Pour ma part, je n'avais qu'un seul but : l'entraîner dans un voyage à Ceylan sous le prétexte de faire des photos.

En réalité, ce que je voulais, c'est être seul avec lui, une fois, afin de parler sans maquillage.

Après plusieurs mois de conciliabules, c'est à contrecœur qu'il accepta ; pour lui, sortir de France tenait de l'exploit spatial.

La première étape du voyage était Francfort. Pour reculer, sans doute, le moment de se retrouver seul en ma compagnie, il avait embarqué un pote, un fort des halles à la tronche papuleuse et à la sémantique de poule faisane, au demeurant très gentil, qu'il surnommait Gilbert Bécaud. Après une nuit « embiérée », l'heure vint de mettre le cap sur l'Orient. La larme à l'œil, l'ami Bécaud nous regarda partir, on aurait dit une femme de marin sur les quais de La Rochelle.

À cette époque, le voyage jusqu'à Bombay durait dix-huit heures et comportait six escales. Nous passions d'Athènes ensoleillée de singeries touristiques à Tel-Aviv en guerre. Les chars d'assaut et les hommes en armes remplaçaient les dépliants balnéaires. Jacques profita de l'escale pour acheter toutes les cartes postales à l'effigie de Moshe Dayan afin d'éduquer sa troupe.

Nous débarquons enfin à Bombay sur les genoux. Pas plus que lui, je n'ai mis les pieds dans ce pays, mais je suis tenu de conduire les opérations. Je suis censé savoir. Les yeux remplis par le spectacle de cet ailleurs étrange, ce qui m'étonne le plus, c'est quand même de voir Dutronc évoluer sur cette autre planète.

Bousculé par des enfants voletant dans la poussière, nous croisons des hommes d'une incroyable maigreur tirant des charrettes surchargées en évitant les chiens errants dans le halo grisâtre des ruelles.

Nonchalantes, des vaches se mélangent aux colonnes des temples, ici le temps s'arrête, et malgré ces visions d'un autre siècle, malgré ces odeurs étrangères, moi je ne remarque que lui, Jacques Dutronc, ce petit bout de France égaré dans un immense continent que je ne comprends pas.

Je sais déjà que de l'Inde je ne verrai rien. Je ne suis pas là pour ça.

Allongés sur nos lits de l'hôtel Adelscott, on regarde les ventilateurs dont les pales caressent en vain le plafond. À côté de moi, il y a cet autre que je connais mal. Il vit avec la femme que j'aimais, et, bien que nous n'en parlions pas, elle est présente dans la pièce. Son image nous sépare tout en nous unissant. Nous apprécions tous deux la beauté de ses yeux, le poids de ses silences. Et nous n'en parlons pas… Pourtant, c'est dans cette chambre étrangère que je réalise que si je l'ai entraîné si loin, c'est uniquement pour ça, pour parler d'elle, de Françoise.

Sur les murs peints à la chaux bleu pâle, des lézards montent vers les plinthes. Une mouche indolente traverse la moiteur pendant qu'au loin on entend le grondement d'un avion. Son bourdonnement se mêle à celui de la mouche.

À l'intérieur du minuscule volatile, j'imagine qu'il y a un pilote chevronné, coiffé d'un casque en toile avec « Catch 22 » écrit au pochoir ; sangle au vent, le front luisant, il manie un bombardier B-52, calculant finement des passages limites entre les voilages des moustiquaires jaunies.

Nous occupons là nos trois jours d'escale à errer dans les rues de cette cité fantomatique.

Les couleurs, les odeurs, les regards, tout nous échappe un peu, nous n'avons pas vraiment les clés. Jacques est nerveux parce que je ne bois pas d'alcool, et lui voudrait bien utiliser son « liquor permit ».

Pour lui faire plaisir, on va au bar de l'hôtel Taj-Mahal.

Dans ce décor rococo, alors qu'il s'accroche à un verre de champagne, un Anglais chancelant lui met la main aux fesses. Jacques me regarde, inquiet, où l'ai-je donc entraîné ? Ce pays est-il un repaire de déviations diverses ? Serais-je des leurs ?

Lorsqu'on sort, c'est la nuit. Les arabesques insensées des murs de la ville sont remplacées par une pluie de néons. L'horizon n'est plus qu'un mur d'affiches publicitaires aux couleurs vulgaires. Là-bas, le jour est ancestral et les nuits sont modernes. Éclairé par la lueur verdâtre d'un panneau vantant un produit bien français, Jacques se tourne vers moi et me lance :

« Tout ça pour retrouver Lefèvre-Utile. Merci ! »

L'heure est enfin venue de prendre l'avion pour Ceylan.

J'avais déjà remarqué dans le passé son aptitude à générer des situations particulières, voire des vents de folie.

Il suffisait d'ailleurs qu'il se trouve quelque part pour que tous les cinglés du coin débarquent. Il avait ce don étrange de convertir les instants anodins en carnaval, en chansons de geste à la gloire de son joyeux pessimisme.

Comme ce soir à Deauville, après un concert au casino où, avec sa bande, nous avions échoué dans un bar du centre.

Je lui avais fait cadeau d'une énorme massue de carton-pâte fabriquée pour les besoins d'une photographie qui le représentait en homme des cavernes. Encore une de mes lubies, à laquelle il s'était plié poliment. À la terrasse de ce café rempli de nuitards, Jacques intime à Simon, un costaud tout à sa dévotion, l'ordre d'aller se poster au coin de la rue en brandissant la massue pour effrayer les passants. Pour rien, comme ça, juste pour faire joli. Durant un bon quart d'heure, on assiste au spectacle de ce colosse planté près d'un feu rouge, poussant des cris de bête en brandissant son arme factice vers des automobilistes affolés. Lorsqu'un car de police passe, Jacques l'arrête et, prenant sa tête de bon citoyen, il indique « le-fou-là-bas-qui-nous-menace ».

Deux heures plus tard, quand Simon reviendra du poste en compagnie des flics, le café a changé d'allure. Il est à la merci de Jacques.

Le patron déguisé en pirate s'époumone dans un cornet à pistons pendant que sa femme, une musaraigne à la coiffure compliquée, gigote en corset rose saumon sur une table, arborant sur la tête une casserole en étain. L'assemblée est hystérique, comme des gamins sans repères, tout est possible.

Entre des trophées chevalins et des bouteilles de Byrrh poussiéreuses, dans un poste de télé noir et blanc Georges Pompidou s'adresse à la France. Et maintenant les policiers sont de la fête ; la casquette de travers, ils trinquent au président, faisant fi du respect que leur tenue réclame.

Assis dans un coin, Jacques regarde la scène, planqué derrière ses lunettes noires.

Bien sûr, si le succès lui confère le pouvoir d'accélérer les choses, même inconnu, il eût été ce catalyseur des envies interdites.

Ne croyant ni aux apparences, ni aux postures, ni aux grades, il transforme la vie en école buissonnière, puisque, pour lui, c'est ainsi qu'est le monde.

Mais, dans le Super Constellation de la TWA en train de survoler l'Inde, je vois tout à coup les choses monter d'un cran. Il faut savoir qu'à l'époque il ne parle pas un traître mot d'anglais. Or l'avion n'est composé que d'Américains.

Des voyageurs à l'équipage, personne ne comprend le français.

Comment a-t-il fait ? Je ne le sais toujours pas. Il évolue dans les travées, parlant par signes à des inconnus.

Peut-être ai-je somnolé, toujours est-il que, lorsque j'ouvre les yeux, l'avion est devenu un asile d'aliénés.

Les femmes dansent sur les sièges, les hommes chantent à se briser les cordes vocales, le steward, un homosexuel exacerbé, s'est coiffé de son slip, et même le commandant de bord a mis l'engin sur pilote automatique pour venir participer à la fête.

Un avion ivre !

Jacques est ravi, tout rentre dans l'ordre. Comment a-t-il réussi à en arriver là sans parler leur langue ? « Note les sujets ! » me dit-il en se marrant, et il me présente à deux hôtesses à la beauté dévastatrice.

Des géantes, des blondes, des violoncelles. On trinque à l'arrière, adieu le service.

Elles ont des yeux comme des langues.

« Venez donc avec nous, les belles, on va vous montrer Ceylan ! »

Elles voudraient bien, ces deux charmantes, mais Ceylan n'est qu'une escale, elles sont en route pour Hong Kong. Jacques me lance un regard sous-titré. Cap sur l'Asie.

Il nous faut un visa. Aussi sec, le commandant de bord nous prend sous son aile et le problème est réglé. À l'aéroport de Ceylan, j'achète les billets et l'affaire est dans le sac.

Direction Hong Kong.

On loue une suite somptueuse à l'hôtel Hilton et la fête commence. Nous avions deux chambres séparées par un salon au buffet gargantuesque.

Aujourd'hui, je maudis cette mémoire qui me trahit. À quoi ressemblait-elle, cette jolie Américaine ? Comment étaient ses yeux, ses mains, son corps ? Je ne sais plus, elle est comme une photo brûlée, à jamais enfouie dans le cénotaphe de mes souvenirs.

Durant trois jours et trois nuits, nous organisâmes une bacchanale effrénée pour tous les équipages de passage. La tour de contrôle prévenait les pilotes : « Venez au 308, il y a la fête ! »

J'avoue que le dernier soir, lorsque, fourbu de fatigue, à deux heures du matin nous vîmes arriver un équipage de la KLM prêt à tous les excès, je sentis soudain une faiblesse à la hauteur du genou annonciatrice de la fin des réjouissances.

L'heure était venue d'aller se reposer à Ceylan.

C'est ainsi que je n'ai jamais vu Hong Kong.

Nos belles nous auraient bien suivis, mais elles retournaient à Los Angeles. Adieu, donc.

Colombo est moite. Face à la mer, nous sommes assis sur la grande terrasse d'un hôtel à colonnes aux sièges poisseux d'humidité, entourés de vieilles Anglaises dans un état second.

Je n'ai pas l'habitude de l'alcool, mais, ce soir-là, j'abandonne. Très vite, le whisky fait effet.

Jacques ne dit rien et je m'en veux un peu de nos trois jours passés.

Suis-je responsable de nos frasques récentes ? L'ai-je entraîné ?

J'ai beau savoir que ces amourettes sans lendemain n'ont aucune importance, Françoise est toujours là, entre nos deux fauteuils en rotin. Je la connais et je sais qu'elle l'attend. Et lui aussi, je sais qu'il sait.

Pas plus que moi il ne lui veut de mal, et puis quel rapport y a-t-il entre les joyeux ébats de Hong Kong et cette merveille en France ? Aucun. Un jour, on va mourir, alors autant rigoler.

Cependant, elle est bien là, l'Excellente, et, malgré la bouteille de scotch qui se vide, elle maîtrise les silences.

Sur la plage de sable noir, un cirque à l'indienne s'installe. C'est-à-dire un vieil homme avec une chèvre et un escabeau rouge. Il nous fait cadeau d'un sourire de grillage. L'animal grimpe les marches avec difficulté. Arrivée au sommet, la chèvre nous lance un regard chafouin pendant qu'il nous salue bien bas.

Entre le vent chaud et les glaçons qui taquinent, je sens que je perds pied et puisque tel est le but de ce voyage, alors parlons-en.

Et je me lance :

« Dis-moi, Sex… Vraiment… Pourquoi est-ce que tu es avec Françoise ? »

En général, Jacques a son propre langage. Un mélange de raccourcis inventifs et de second degré fuyant. Toujours imagé, drôle, surprenant. Une vision codée donnant à ceux qui la comprennent l'impression de faire partie d'un club hors des modes, hors des gens. Une sorte de mur chaleureux protecteur de la pensée banale.

Mais, pour la première fois, il me répond en face, sans circonvolutions pudiques, sans humour rassurant :

« Parce que je l'aime ! »

Ça paraît simple comme ça, l'air de rien, mais de sa part à lui…

L'ébriété m'ôtant toute prudence, j'enchaîne :

« Mais alors, les filles de passage ? Pourquoi ? »

Le plus simplement du monde, il me répond :

« C'est parce que, moi, je commence par la fin. »

Et de remplir les verres pendant qu'il continue.

« Tu comprends, les types, ils sont fous d'amour au début, mais dix ans plus tard, ils les trompent. Moi, je fais le contraire. Dans dix ans, je lui serai complètement fidèle. »

Et le plus beau, c'est qu'il l'a fait.

Voilà, entre autres, pourquoi ceux-là me sont indispensables, ils sont inséparables, je les veux tous les deux.

Le soleil en a marre, il va bientôt se coucher. Pendant que nous marchons maintenant sur la plage, je mesure la confiance que Jacques vient de m'accorder. On peut reprendre le discours habituel, les jeux de mots faciles et les contrepèteries, le paravent du verlan et les rires qui protègent.

Jacques Dutronc à Ceylan.

La porte est entrouverte, je peux espérer entrer, je serai peut-être son ami.

Au beau milieu de la plage, face à l'océan sombre, je vois un personnage assis de dos, en tailleur, les yeux rivés sur le soleil mourant. Les ondes de chaleur montant de la plage me troublent la vision. La silhouette ne m'est pas inconnue. Ses cheveux blonds volent sur son sari blanc, les mains sur les genoux, il est là, immobile. Et je vois ce profil que je connais par cœur. Brian ?

Brian Jones, le guitariste des Rolling Stones, il n'a même pas l'air surpris de me rencontrer. Il nous sourit, m'embrasse et salue Jacques en le caressant de ses yeux lointains.

Aujourd'hui, je m'amuse à l'idée que j'étais en présence du concentré de tous mes vices, puisque, avec Jacques, je venais pour la première fois de prendre une vraie cuite et que c'est en compagnie de Brian que, quelques mois plus tôt, à Los Angeles, j'avais découvert les joies du haschisch.

Après une courte conversation à laquelle Jacques ne peut pas vraiment participer, on le laisse à sa contemplation.

Un moment plus tard, je l'observe au loin, assis seul comme une statue de bois.

Rencontrer Brian au milieu de nulle part, sur cette plage du bout du monde, j'ai beau être encore un peu rond, j'en suis sidéré. Comme je m'étonne auprès de Jacques de ce hasard extraordinaire, il me répond :

« Normal ! Avec la vie qu'il a... »

Normal, en effet.

Dans le jardin de Corse, Jacques se relève en regardant son copain s'éloigner vers son destin de lapin. Il va s'asseoir au bar pour retrouver les chats. Lucien, un ami du coin, nous rejoint. Il parle à sa façon, il éructe un peu. On ne comprend pas toujours ce qu'il dit, mais ce n'est pas très grave. La vue est paisible, au loin on voit la mer, Jacques est content. Les chats me tournent autour, ils me contemplent. « Assieds-toi, ne bouge pas trop, fais comme chez nous. »

C'est exact, après tout je suis chez eux.

Sheila en Bécassine.

Derrière le grain du super-huit

1968

Dans ma main, il y a ce bout de film de quatre minutes que Marianne Haas m'a donné. Lorsqu'elle était mon assistante, elle s'était amusée à filmer quelques-unes de mes séances de photos avec une caméra empruntée. Derrière le grain du super-huit, on aperçoit une cour de ferme, quelques oies affolées. Sheila et Sylvie Vartan arrivent habillées en fermières. Elles ont vingt ans et elles rient en regardant un paysan qui pousse un veau pour qu'il entre dans la photo. Avec mon appareil autour du cou, j'évolue, filiforme, une cellule dans la main pour prendre la lumière.

Je les avais appelées quelques jours auparavant pour leur proposer de passer une journée à la campagne.

« Venez, je vous déguiserai en Bécassine. Après quoi, nous irons déjeuner ! »

Dans une quelconque auberge « du Roy » sans doute, avec les pneus qui crissent sur le gravier et le soleil à travers les feuilles jouant sur une nappe à carreaux rouges et blancs. Voilà, c'était simple, un peu naïf, et surtout c'était léger. À elles deux, Sylvie et Sheila représentaient la moitié des ventes de disques en France et, malgré un emploi du temps sûrement chargé, elles n'avaient pas hésité une seconde. Elles m'aimaient bien, elles étaient en confiance et l'idée d'une occasion de rire ne leur faisait pas peur.

Cette séance résume bien ces années 60 dont j'ai longtemps refusé la nostalgie. Et voilà que tout à coup, derrière le grain du super-huit, elle apparaît, inexorable, assise sur le flou de mes souvenirs.

Le film se brouille, on dirait qu'il se casse, et voilà Dutronc avec ses lunettes noires, dans un petit blouson serré, avançant sur un chemin de campagne en tenant sur l'épaule une épée du Moyen Âge. Il fume une cigarette, signe que l'image est ancienne. Il est mince et blond, on dirait son fils Thomas aujourd'hui.

Il s'arrête pour contempler sa nouvelle Porsche garée près d'une barrière. Françoise entre dans le champ avec une caméra, elle filme Jacques, il est clair qu'elle n'a d'yeux que pour lui. Sylvie arrive en me donnant le bras, elle s'amuse de voir maintenant Jacques tenter d'enfiler une armure de chevalier de la Table ronde. Visiblement, l'exercice l'ennuie, il l'accepte poliment, pour faire plaisir. L'image se brouille encore, puis revient sur Françoise assise dans l'herbe, un peu pensive, à côté de Sylvie en robe de princesse. La photo est presque prête, je leur indique la pose. Au fond, on voit un petit château. Jacques a le heaume sur la tête, ce n'est pas du meilleur effet, on dirait une tortue. Sylvie éclate de rire, alors il le retire. Françoise de profil filme la scène, ses longs cheveux blonds volent, elle est heureuse.

Quelques bulles traversent l'image, l'écran devient noir, on se retrouve dans un atelier des Beaux-Arts. La pièce est parsemée de bustes blancs en cours d'étude. Au milieu, Sylvie, recouverte de plâtre, joue à la statue pour Adamo en tenue de sculpteur.

La séance de maquillage avait bien pris deux heures, à présent elle attend là, sagement, comme une figurante. Coup de flash, on zappe. Tiens revoilà Dutronc, en studio maintenant, vêtu d'une peau de bête, singeant un homme préhistorique, il tire Annie Philippe par les cheveux. Claude François entre dans la pièce pour dire bonjour. Pourquoi est-il ici ? Ai-je une autre séance prévue avec lui ?

Je retrouve dans cette succession de saynètes une légèreté que j'avais oubliée. C'est donc ainsi que se passaient les choses…

Rien à voir avec le sérieux des jeunes gens d'aujourd'hui, où chaque prise de vues est négociée d'avance. Quel concept, pour quel journal ? Les conseilleurs abondent, ils veulent planifier, être sûrs.

Obsession du contrôle. Sélection des images, indication des retouches. Surtout pas de hasard ni de ces belles erreurs d'où naissent parfois les plus jolies idées.

Alors que durant ces douze années de *Salut les copains*, des Beatles à Johnny, des Stones à Sylvie, jamais aucun artiste ne m'a demandé à voir une photo avant qu'elle paraisse.

De nos jours, l'heure n'est plus au rire, ils ont des stratégies à suivre et pas de temps à perdre, le futur les panique.

ILS CROIENT QUE C'EST SÉRIEUX.

Bien sûr, je réalise que mon discours fait tache, aussi me regardent-ils un peu comme une curiosité, je n'appartiens plus à l'époque, moi qui ne sais même pas ce que je ferai la semaine prochaine.

Finalement elle est là, l'énorme différence entre mes années 60 et le siècle à venir, elle réside dans cette peur que nous n'avions pas. C'était un luxe inouï, certainement immérité.

Derrière le grain du super-huit, il me reste ces sourires qui m'illuminent le cœur, ces morceaux de jeunesse qui ne veulent pas mourir…

Bob et moi dans l'Aveyron.

Un baudet philosophe

11 septembre 2001

Je suis dans ma maison de l'Aveyron.

Alentour, ça moutonne paisible, pas un bruit, même les oiseaux le jouent discret. Je fais tranquillement du feu dans ma cheminée quand, tout à coup, à la télé, des cinglés nous font le cadeau d'un clip catastrophe en balançant un monstre en acier riveté, par ailleurs miracle de la technologie moderne, sur la fenêtre d'une secrétaire qui s'ennuie au quatre-vingtième étage du centre monétaire de la planète.

Comme tout un chacun, je n'en crois pas mes yeux, embués par la douceur paysanne de ce coin de France profonde. Et je réalise qu'au moment où un deuxième fou de Dieu calcule frénétiquement la trajectoire de son paquebot volant, tentant de maîtriser les tremblements de ses bras vengeurs pour intimer à des commandes habituées à des mouvements plus doux la volonté d'un virage à la limite du supportable, moi je balaie gentiment les abords de ma cheminée en prenant soin qu'il ne reste pas la moindre trace de flammèche.

Lorsque, satisfait du devoir accompli, je vais pour me rasseoir dans mon fauteuil de futur retraité, un sunnite perclus de certitudes hurle « *Allah-o-akbar !* » en projetant ses tripes de supercroyant aveuglé aux quatre coins du sud de Manhattan, entraînant avec lui une centaine d'anonymes qui n'avaient pas demandé à entrer dans l'Histoire.

J'imagine maintenant la poussière retombant sur la terrasse d'un café du port où j'allais parfois prendre un thé, un endroit au demeurant charmant.

Je reste un moment cloué, comme la planète entière.

Mais c'est très loin d'ici et c'est à la télévision, donc est-ce que ça existe ? Est-ce la bande-annonce d'un film ou une réalité ?

Je zappe sur toutes les chaînes, la même image en boucle envahit l'univers.

Je sors, le soir descend, bonjour la vision ! Le ciel est incroyable – ils ont sûrement envoyé le Titien au boulot –, zébré de lignes rouges, un vrai chromo, il manque juste un grand « Yvon » en bas à droite.

Au loin, des corbeaux croassent.

Est-ce le calme de cette belle prairie ? Les images des deux tours s'effondrant en poussière me poussent vers un sentiment que je n'attendais pas. Elle était pourtant sévère, ma déception de l'Amérique, et voilà que je me prends à la regretter. Mes rêves anciens me reviennent. Frank Sinatra est mort et on veut tuer New York.

Les pages tournent trop vite. Finalement je l'aimais bien, ce siècle dernier.

Dans le champ d'à côté, il y a un âne immobile fasciné par l'étude d'un poteau de bois. Il le fixe depuis un quart d'heure avec une assiduité de laborantin. C'est un tatillon, une sorte de Fernandel pointilleux avec des poils partout. Je suis tombé sur LE spécialiste des poteaux. Il en scrute le moindre détail.

Si je croyais à la réincarnation, je serais certain d'être en présence de Fabre, l'anthropologue qui disséquait les insectes au microscope, un obsédé de la matière. Lui, c'est le même genre, version philosophe.

Je suis très impressionné tout à coup. Je ne l'aborderai plus jamais de la même façon, cet âne. C'est un maître. Je voudrais être son élève, tout apprendre de lui. Hélas, la nuit tombe, la lune se pointe, alors je vais allonger mon corps meurtri par tant d'émotions. Trois mille morts en une seconde et un baudet scientifique, c'est trop pour un seul homme.

De l'autre côté de l'océan, le feu embrase La Mecque des temps modernes pendant que je m'allonge seul de travers dans mon lit pour deux.

Le lendemain, dix coups de fil d'amis ne parlant que de ça, la fin du monde en marche, tous coupables, l'heure est venue de payer…

Alors j'appelle Dutronc, dont l'avis m'est à cette heure des plus indispensables. « T'as vu la télé, c'est hallucinant ? »

Je l'entends qui aspire une bouffée de cigare, puis il me jette en précédant la phrase d'un petit rire pudique : « Quand je pense à tous les cons qui avaient arrêté de fumer ! »

Heureusement que Dutronc existe.

Personne à l'horizon, les étoiles et ma pomme. Un crapaud chante le blues dans la mare, soulignant le silence de ma belle campagne.

Est-ce donc ici que je ferai ma dernière danse ? Dans ce petit jardin merveilleux mais loin de tout, avec pour seules amies les vaches de mon voisin ? Après tous ces voyages, ces amours, ces passions, ces envies abouties, ces projets avortés, ce besoin d'être aimé et ces peurs de déplaire, elle a quand même un curieux sens de l'humour, la vie.

Et pourtant elle fut belle.

Si c'était à refaire, au lieu de la regarder, j'essaierais de la vivre. J'épouserais Françoise ou Dutronc, c'est selon, qu'ils décident. J'aurais une grande maison remplie des gens que j'aime. Ou bien j'achèterais le Grand Palais sur les Champs-Élysées. En hiver, pendant que les pare-chocs se suçotent sous la pluie de Noël, j'appuierais sur le bouton magique, il y aurait un sas, et, dans ce chef-d'œuvre de l'architecture désormais inutile, j'aurais construit Tahiti, avec une mer calme, des cahutes et un soleil constant, une sorte d'Arche de Noé, à côté de la-plus-belle-avenue-du-monde, comme on dit au vingt heures.

Et tout serait très bien. Ils seraient tous là, ceux qui font ma famille. Les femmes que j'ai aimées seraient des vahinés, elles s'en foutraient de vieillir, plus rien à prouver, allongées elles seraient. On fumerait les palmiers avec Bob en balançant de l'encens dans la petite chapelle qu'on aurait érigée pour tous les Taupin du monde.

Mes enfants n'auraient plus de souci à se faire pour l'avenir.

Il n'y aurait plus d'avenir, rien que du présent doux. Bob Dylan ne se creuserait plus la cervelle, il chanterait juste : *I love you, I need you, oh, please, baby, don't go*... et il serait content comme ça. Dans mes écrans de télé, on verrait Raymond Barre président faire un bras d'honneur à la France en passant le flambeau à Eddy Mitchell, son Premier ministre. Il y aurait un jardin fleuri pour que Mick Jagger n'ait plus à crier et qu'il puisse enfin parler de la fragilité des roses avec une belle amie.

Ma sœur se remarierait tous les jours avec Michel Sardou, puisque c'est ce qu'elle préfère. Daniel Filipacchi serait l'employé de Régis Pagniez, juste pour lui faire plaisir, et ils feraient des journaux invendables mais tellement beaux. Et moi, j'aurais un lit en forme de piano, ainsi, même en dormant, je ferais de la musique.

Mais il n'y aura pas de Grand Palais, ni de Tahiti, ni de palmiers hallucinogènes... Bien qu'on ait le droit de rêver.

Tout ça pour finir assis sur un peu de gazon à écouter le vent en cherchant dans le noir un signe, une réponse, une idée pour un espoir de plus, avant le grand plongeon auquel il me faudra faire face.

Avec un peu de chance, il y aura un ciel.

Je retrouverai mon père parlant théâtre avec Frank Sinatra. Claude François montrera comment danser à Fred Astaire, qui poliment l'écoutera.

Sur un écran de contrôle qu'on aura forcément mis à ma disposition, je regarderai mes enfants se souvenir de moi.

Paul Gegauff m'aura sûrement préparé une fête afin que je trinque en sa compagnie aux années où j'ignorais que tout le monde peut trahir tout le monde et aux rires trop sonores derrière lesquels, parfois, il n'y a rien.

Mes deux frères n'en voudront plus à cette vie qu'ils ont quittée trop tôt.

J'attendrai calmement que la bande du square de la Trinité me rejoigne pendant que Louis Jouvet me parlera latin.

Et James Dean me demandera enfin pardon.

Mourir, la belle affaire, après tout, ce ne sera jamais rien d'autre qu'une visite de plus...

Crédits photographiques

Toutes les photographies sont de Jean-Marie Périer, à l'exception de :

p. 8, photo D.R.
p. 10, photo D.R.
p. 88, photo A. Wiedmer
p. 111, photo D.R.
p. 127, photo D.R.
p. 148, photo D.R.
p. 198, photo Paul Muller
p. 222, photo D.R.

Je remercie Bob Elia pour sa patience, sa gentillesse et les perles de sa mémoire.

Table

Composé par Nord Compo
à Villeneuve-d'Ascq
Achevé d'imprimer en France
par Maury-Eurolivres
(45300 Manchecourt)

Dépôt légal : janvier 2004
N° d'édition : 570/01

Imprimé en France